JN261399

備えよ常に

奥島孝康

財界研究所

もくじ

第4章 リーダーシップを考える

第5章　未来のための希望をつくる

第6章　遊びとムダの効用を知る

第7章　チームワークが若者を鍛える

はじめに

　ドイツの大法学者イェーリングは、その不朽の名著『権利のための闘争』（岩波文庫）において、「法の目的は平和であり、それに達する手段は闘争である」と説いた。法律というものの核心をついたこの名文はローマの歴史家リヴィウスの言葉である「平和を欲するのであれば、戦いに備えよ」（Si vis pacem, para bellum.）にヒントを得たものだという。中国古典『書経』にも、「備えあれば患《うれ》いなし」というよく知られた成句がある。いずれも、スカウトのモットー「そなえよつねに」（Be Prepered, Sois Prêt, Allzeit bereit.）と同義である。

　いま日本を見ても、広く世界を見ても、その未来は混沌としており、希望の確かな光を見出すことはできず、ぼくを不安にする。だからこそ、全人類の課題は「サステナブル・ディベロップメント（持続的成長）」であり、確かな希望を残す未来世界の確保なのである。そして、その担い手は間違いなく若者たちである。すなわち、地球・人類の未来はすべて若者たちの手に委ねられているのである。ぼくがいまスカウト運動やスポーツ振興に夢中になって取り組んでいるのは、こうした想いからである。希望に満ちた明日を切り開くためには、たくましい若者たちを後継者として育てるほかにないとの確信からにほかならない。

チーム仲間のために汗を流す高校球児たち、社会のために汗と涙を流すボーイスカウトの青少年たち。いずれもたのもしい野生児たちであり、彼等こそが明日を開くパワーを秘めた若者たちである。ぼくは、ぼく自身が希望をもって生きてゆくために、彼等一人ひとりをたくましい一騎当千の若者に育て上げねばならないとの強い使命感を抱いている。なぜなら、それこそが社会の確かな希望だからだ。未来には、確実に東日本大震災のような大災害や原発事故のような大惨事が待ち構えている。残念ではあるがそれを避けることはできない。しかし、どんな大災害にも大惨事にも、びくともしない若者たちがいるかぎり、ぼくたちはその苦難を乗り越えてゆく自信をもって生きることができるはずなのだ。

本書は、ぼくの日頃の想いのいわば信仰告白ないしは信念吐露であり、それだけに理論的な振付などという小細工抜きの本音である。加えて、理屈や利益誘導ばかりが先行する世の風潮に対する反発もある。ＩＴ産業の先頭を走るアップルの故スティーブ・ジョブズでさえ、「ステイ・ハングリー、ステイ・フーリッシュ」と若者に呼びかけているではないか。かつて、近代オリンピックでは、「健全なる精神は健全なる身体に宿る」をモットーとしていたではないか。「知性」は「野生」というバネを失っては、十全に開花するとはとても思えない。ぼくは、損得勘定でのみ物事のよしあしを決定するいまどきの思考法を拒否する。そして、フェア・プレイとか公共心とかいう理屈をこえた精神を大切にする社会の実現を夢見る。

本書の題名「備えよ常に」は、いうまでもなくボーイスカウトのモットー「そなえよつねに」から借用したものである。なぜボーイスカウトのように平仮名表記にしなかったかというと、3・11の東日本大震災の直後であり、その危機感もあって読者設定をボーイスカウトに限定しないからである。本文中に書いておいたように、「備えよ常に」のもとになったものは、いずれも「義」（正義）を尊ぶ人たちの姿勢である。つまり、困難ではあっても正義を貫ぬこうという人たちの心意気である。ぼくは、これからも、力及ばずとはいえ、あえてドン・キホーテの心境で、青少年を鍛え、明日の世界を支える平成のサムライに育て上げるため全力を尽すつもりである。そう思って少々挑発的ではあるが、「日本の明るい未来を望むのであれば、苦しい闘いを覚悟せよ」という意味をこめて、サブタイトルにリヴィウスのスローガンを採用した。勇気であるとか誠実であるとか、あるいは、公共心であるとか奉仕精神であるとか、はたまた、忍耐心であるとか正義感であるとかは、決して社会の表舞台で活躍する政治家とか公務員とか、あるいは、財界人とかだけに要求されるものではないからである。

がんばろう！若者たち、がんばろう!!日本。

第1章

若人たちに期待する

あっぱれ、高校球児の一言

２０１1年3月11日の東日本大震災と二次災害というべき原発事故は、その災害の規模の大きさと政府・東電の対応の不手際《ふてぎわ》とにより、日本全国民を打ちのめした。

その直後の３月18日、第83回選抜高等学校野球大会を開催するかどうかを決定する運営委員会は、きわめて緊迫した空気の中で開かれた。ぼくは開催を固く心に決めて会議に臨んだが、予想通り冒頭から強硬《きようこう》な反対論が出て、一時はどうなることかと思ったが、最後は全員一致で開催が決定した。

3月23日の開会式の会長あいさつは全国民の注視《ちゆうし》の的《まと》となるに違いない。ぼくはキーワードをどうするか考えあぐねた結果、ようやく、不運に泣くイギリスのサッカーチーム「リバプール」の応援歌の一節「ユール・ネバー・ウォーク・アロン（君たちは決して１人で歩くわけではない――俺たちがついている）」をキーワードとするあいさつを作成し、被災地の方々に対するメッセージとすることにした。

東日本大震災三陸海岸視察（2011年５月６日）

　ところが、ぼくの心配はまったくの杞《き》憂《ゆう》に終わった。１９９５年阪神淡路大震災の年に生まれた創志《そうし》学園の野山慎介キャプテン（当時）の選手宣誓は、「人は仲間に支えられることで、大きな困難を乗り越えることができると信じます。私たちにいまできること、それはこの大会を精一杯元気を出して戦うことです。がんばろう！　日本。生かされている命に感謝し、全身全霊で正々堂々とプレイすることを誓います」というもので、全国に感動の輪が広がった。そして、それまでの沈滞《ちんたい》した空気は一変し、「がんばろう！　日本」の大合唱が始まった。１人の高校球児の選手宣誓が日本中を元気づけたのである。

野山君だけではない。ボーイスカウト日本連盟の理事長として、東北の被災地を視察・激励に出かけてみると、続々と若いボランティアの若者たちが駆けつけ、汗を流している。ぼくは感動し、そして確信した。「いまどきの若者もすてたもんじゃないな」と。亡国《ぼうこく》の兆《きざ》しの見える日本で、未来の希望の確かな手応えを感じたと思った。

しかし、それくらいのことで糠喜《ぬかよろこ》びをするつもりはない。厳しく鍛《きた》えられた野山君のような、ぼくたちの未来を託することのできる「たのもしい若者」をいかに育てるかを考えると、現状は暗澹《あんたん》たる想いにとらわれる。では、どうすればよいか。ぼくは、そのための正解を用意しているわけではない。けれども、一つの解答は、知性のみではなく、野性を磨く必要があるということではないか。そのことをこのコラムで考えてみたいと思う。

かつてローマ人は、「平和を欲するのであれば、戦いに備えよ」を合言葉に大帝国を築いた。ローマ人にとり「平和は訓練」であった。日本の未来を確かなものにするためには、「たくましい若者」を育てなければならない。いま緊急を要するのは、未来に備える人づくりではないか。

「カルペ・ディエム（いまを生きよ）」

いつか見たアメリカ映画に、『いまを生きる』という題名の映画があった。全寮制の高校における生徒たちが、厳しい規律を破り、夜中に広大なキャンパスの片隅《かたすみ》にある洞穴《どうけつ》の中で、ローソクの光で詩を朗読する会を催すことからストーリーは展開する。生徒たちとその心に火をつけた一人の教師との心温まる青春ドラマであった。

「いまを生きよ」とは、ラテン語の「カルペ・ディエム（Carpe diem!）」である。本来、「思い切り楽しめ」という意味であるが、「力を尽くしていまを生きよ」という意味で使われることが少なくない。「楽しくなければ人生ではない」と考えているぼくなどは、むしろそう考えている。

人生において、青春がどんなに大切な時期であるか、それを知らない大人はいない。その時期とは、やはり青少年期であると言ってよいであろう。

だから、その時期を「力を尽くして生きる」という体験をもたないで過ごした青少年は、青春の不完全燃焼であって、ある意味で人生を完結できない。言い換えると、人間としての完成度（？）が低い、といわなければならない。

高野《たかの》公彦《きみひこ》の詩に、「青春は／みずきの下を／かよう風／あるいは遠い／線路のかがやき」というのがある。なぜそうなのか、簡単には説明できないが、しかし、それが青春というものであろう。つまり、青春とはカオス（混沌）なのだ。青春とは理屈で成り立つものではない。そういうわけのわからない野性の魂の叫びのようなものこそが青春なのだ。

では、青春とはデカダンスであろうか。決してそうではなく、むしろストイシズムに近いとさえ思う。わけのわからない本能の命ずる熱情に突き動かされて、何かに夢中になる時期である。この野性の熱情を解放する時期、それが青春というものではないか。

尾崎士郎《おざきしろう》は、「去る日は楽しく、来たる日もまた楽し。よしや哀憐《あいれん》の夢は儚《はかな》くとも、青春の志に湧《わ》き立つ若者の胸は曇るべからず」と、やはりわけのわからないことを言っている。「人生劇場」とは、まさしくカオスなのである。このカオスをブレイク・スルーすることによって、若者は一人前の大人に成長し、「生きる力」を、あるいは、人間としての「しぶとさ」を身につけることができるのであろうか。

その意味で、現代の青少年のもつ「もろさ」は、「いまを生きる」、つまり、「カルペ・ディエム！」という生き方が欠けているからであろう。雨に打たれず、風にも身をさらさず、温室でぬくぬくと育ったモヤシ人間に本物の青春はない。

青春は美しい。しかし、青春はカオスであり、そこでのたうちまわる経験を経ることなく、社会というジャングルへ放り出された者に、サバイバルを期待しうるであろうか。器用な者であれば、「すきま風」のようになんとか人生をすり抜けることができるかもしれない。しかし、そういう若者に日本の未来を託せるわけはない。

痛い目に遭いながら人生を学べ

明治維新後の青少年育成運動のモデルとして注目を集めたのは、薩摩藩の「健児《けんじ》の社《しゃ》(「郷中《ごじゅう》」とも呼ばれる)」と会津藩の「白虎隊」とであったといってよい。いずれも戊辰戦争のヒーローであったばかりか、その教育方法が武士の鑑《かが》みとなるための訓練を課したからである。

健児の社の教育は、「負けるな・嘘をいうな・弱いものをいじめるな」ということを基礎とする先輩が後輩の面倒を見るシステムであったが、白虎隊の「申合せ」も、「年長者にはおじぎをしなければなりませぬ・うそをいってはなりませぬ・卑怯なふるまいをしてはなりませぬ・弱いものをいじめてはなりませぬ・戸外でものをたべてはなりませせぬ・ならぬことはならぬものです」というものであった。いずれも義に生きる武士となるための教育をめざすものであった。「義」に生きるとは、困難だが正しい道を選ぶという生き方である。

健児の社と白虎隊の教育目的は、実は「武士道精神」ないしは「騎士道精神」を叩き込むためのものであった。その意味で、騎士道精神の近代版としてスカウト精神を説いたベーデン＝パウエル（中将）が、スカウト運動に関心を抱いた乃木希典《のぎまれすけ》大将（退役後「学習院」院長）と出会ったことから、日本の武士道とか郷中教育に興味をもったことは事実であろう。しかし、彼がボーイスカウト運動を創始したのは、少年期を過ごしたパブリック・スクール（全寮制の「チャーターハウス校」）での寮体験と、マフェキングの英雄となった籠城戦で少年たちを見習兵団に編成し、伝令・偵察・見張などに活用した経験がもとになったのである。

全寮制のパブリック・スクールでの体験は、教師と学生・学生相互の間の緊密な接触による人格陶冶《とうや》のみならず、母校の名誉を高めるためには「個々の私を捨て全体の共同目的の貫徹に奉仕する精神を涵養する手段として、運動競技がもっとも重要視」され、とりわけ、寮生活での組長ないしはキャプテンともいうべきプリーフェクトの指示には絶対に服従しなければならないルールから、「パトローム・システム（班制教育）」が着想される（池田潔『自由と規律』岩波新書）。

また彼の軍人体験からウッドクラフト（森林生活法）が着想され、ここにパトロールとキャンピングを中核とするボーイスカウトの訓練法が確立するのである。「春のクリケット、秋のラグビー、冬のホッケー」に夢中になったパブリック・スクールでの経験はパトロールをチームに、ウッドクラフトをゲームとすることにより、スカウト育成プログラムは完成する。

とはいえ、パブリック・スクールの教育は、「叩いて、叩いて、叩き込む」ところにその本質があるという。しかし、それは「紳士道の修業」のための精神と肉体の鍛練にほかならない。健児の社も白虎隊も、集団教育の一形態にすぎないが、そこに一貫して流れているものは、「痛い目に遭いながら人生を学べ」というフィロソフィーではないか。

『村の少年団』のころの遊び

ぼくは、常々、ゼミ生に向かって、「何も『しないリスク』よりも、何かを『するリスク』を選べ」と教えてきた。『イソップ物語』を援用すると、守銭奴が大金を眺めて楽しんでいたところ、それを全部盗まれてしまった。当然、守銭奴は嘆き悲しんだが、それを見た賢者はこう言った。

「持っていても使わないいんだから、盗まれて使えなくなったところで同じことではないか」と。

事業を起こせば当然失敗のリスクがともなう。しかし、なにもしないでいればよいというわけにもいかない。戦後の農村が高度成長経済に乗り遅れ、いまになってもTPP（環太平洋パートナーシップ協定）におびやかされているのは、なにも「しないリスク」を選んだからではないのか。

そのとり残された農村も、ぼくが子どものころと較べると、すっかり変わってしまった。大正から昭和の初期にかけてといえば、ぼくも生まれていない。農村がもっとも農村らしかったころ、日本でもボーイスカウトが誕生した。その時代を活写したのが、佐々木邦『村の少年団』（少年倶楽部文庫）である。

佐々木邦は、ユーモア作家として当時の少年たちに絶大な人気を博しており、他に『苦心の学友』などがある。『村の少年団』の時代背景や農村風景は、ぼくの生まれた山河のそれと共通しているので、ぼくのボーイスカウト体験は本質的なところで村の少年団と同質なものであったように思う。

当時の田舎の子どもの遊びは、佐藤春夫の『わんぱく時代』（講談社文芸文庫）が詳しいが、集落対抗の「陣とり合戦」あるいは「戦争ごっこ」のようなものであり、野山を駆けまわるという点でボーイスカウトの野外訓練と大きく異なるところはなかった。

さて、「村の少年団」である「日出村少年健児団」は、ボーイスカウトをまねて、

「修身科の演習みたいなもの」である「健児は有為、世を益することを務めとする」という掟にもとづいて、子ども相応に世間の役に立とうという目的でつくられる。つまり、古いスタイルのボーイスカウトが設立されるのであるが、どうすれば「一日一善」ができるか、健児たちのドタバタが展開される。

仲間割れ、蝦蟇《がま》が淵の宝探し、狐にばかされた話、幽霊屋敷の探検等々、子どもたちの好奇心と冒険心が生み出す行動力は、子どもたちの心身をたくましく育てるだけではなく、なによりも仲間との間を固い友情で結びつける。「いじめ」などの介在する余地はない。

いまの世の中を見ると、たしかに都会には子どもの「たまり場」といえばゲーム・センターであり、田舎ではよく整備された運動場やプールであり、かつてのような野山や河川ではない。日本一の清流、四万十川の源流に近いぼくの村（いまでは合併で姿を消したが）でさえも小中学校にプールができ、川で泳ぐ子どもの姿はない。しかし、好奇心や冒険心をなくした子どもたちが成人したとき、どんな行動力を発揮してくれるか、少々心配になる。

フィルモントに託す夢

２０１２年4月7日、ＢＳＡ（ボーイ・スカウツ・オブ・アメリカ）の本部（ダラス）を訪ねた際に、かねて一度は視察しておきたいと考えていたフィルモント・スカウト・ランチ（ＢＳＡの所有する世界最大のトレーニング用野営地）に立ち寄ることができた。

フィルモント・トレーニング・センターは、ニューメキシコ州北部の山地に面積13万７４９３エーカー（約５５６平方キロメートル、淡路島よりやや狭いくらい）を有する世界最大のスカウト訓練基地である。標高は、この地がロッキー山脈の一部であるため、約２０００メートルから最高峰ボールディ山の３７９２メートルまでの高原であり、野営訓練場としてはまさに最良・最適の環境といってよい。

フィルモント・スカウト・ランチ（2013年４月11日）

フィルモントは常勤職員80人で運営されているが、６月から８月にかけてのサマーキャンプ時には、12日間の山岳トレッキング（35コース）の参加者２万３０００人、トレーニング・センターでの研修者は５０００人にも上り、ボランティアの指導員が全米から１１００人（応募者約２０００人）も集まる一大イベントの観を呈《てい》する。

驚くべきことは、この規模だけではない。ここは参加費１人７００ドル《ドル》の独立採算で成り立っていることである。参加者の選抜の厳しさにもかかわらず、ここは単なるスカウト精鋭の錬成《れんせい》道場というだけではなく、全米スカウトの憧《あこが》れの聖地となっている。

さらに驚くべきことは、この広大なフィルモントは1人の男の寄附によるという事実である。1938年、石油や銀行などで成功したウェイト・フィリップスの寄附によるものであり、それゆえに、この地は「フィリップスの山」という意味で「フィルモント」と命名された。

余談ではあるが、ボーイスカウト日本連盟でも2012年、大和ハウス工業から寄《き》贈《ぞう》された82万坪（茨城県高萩市《たかはぎ》）を、「大和の森」と名づけてスカウトのメッカとする準備を進めている。ついでに言っておくと、その土地の一番高い山を大和ハウス工業の創業者の名にちなんで「石橋山」と命名する予定である。

ウェイト・フィリップスは、アメリカのカウボーイに対する深い尊敬の念を抱いており、寄附の条件として、フィルモントが牛の牧場としての機能をもち続けることを求めた。それゆえ、フィルモントは、いまなお、牛（約200頭）、ロバ、バッファロー（約100頭）の飼育のほか、乗馬訓練も行っている。

こうして、フィルモントは、1950年以降、BSAの「全米トレーニング・センター」として、ボランティアと専従《せんじゅう》のリーダー合わせて4500人近くが、毎夏、ここで子どもから大人まで家族全員を対象とするプログラムに参加しているという。

わずか丸2日間の駆け足の視察ではあったが、自然を残し、たくましい子どもたちを育てるために、この広大な土地をBSAに寄贈した人の夢に共感し、その志に感銘《かんめい》を新たにした旅であった。

ボーイスカウト発祥の地を訪ねて

2013年4月のボーイスカウト・アメリカ連盟本部（ダラス）と世界最大の野営地・フィルモントの視察に続いて、6月初めイギリス連盟本部（ロンドン郊外のギルウェル・パーク）とスイス南部の山岳中にあるKISC（カンデルシュテーク・インターナショナル・スカウト・センター）を訪ねた。

カンデルシュテーク視察（2013年６月11日）

２年後に迫った第23回世界スカウト・ジャンボリー（山口県きらら浜）の開催をバネに、日本のスカウト運動の衰退を食い止めるための戦略・戦術策定の一助ともなればと考えての視察であるが、日本連盟のこれまでの無為無策《むいむさく》ぶりに、改めて驚きを深めるばかり。

イギリス連盟の本部は、１９１９年に取得した世界のスカウト運動の聖地・ギルウェル・パークにある。この地に設けられたスカウト指導者養成所からスカウト運動は、みるみるうちに世界へと拡がったのであった。

ところが、スカウト運動の源流である

イギリスでさえも、ほぼ二十数年前からスカウト数が減少に転じ、危機感をつのらせた指導者たちは、イギリスのスカウト運動100周年（2007年）を機に、大改革に取り組んだ。その効果は10年近くたって現れ、現在では、人口約6000万人のイギリスには指導者10万人、少年少女のスカウト40万人がいる。加えて、指導者不足から、入隊を待機している少年少女が常時3万人もいるという。

さすがというべきか。イギリス連盟の改革は徹底している。要点をごく端的《たんてき》に指摘すると、組織・運営・教育・訓練すべてにわたって「チャレンジ」をモットーとして、リーダー（とりわけ、チーフ・スカウト）の社会的プレゼンスあるいはスカウト運動のアドバタイジング（広告）を重点戦略としている。

さらに加えて、こうした問題への対応には、決定打はないという認識のもとで、個別的な努力の相乗効果がスカウト数の増加に現れるのだとする長期戦略に立っている。また、戦術的には、訓練のハイ・アドベンチャー化と運営のビジネス化も徹底しており、考えさせられる。

ギルウェル・パークに続いて、1923年に開設されたKISCを訪ねた。この組

ギルウェル・パーク（2013年６月６日）

織はスイス民法にもとづいて設立された独立の法人であるが、実際には国際スカウト学校として機能する変則的な組織である。また、スイスの山岳地帯にあるにもかかわらず、規模は比較的小さく、収容人数は最大で室内３００人、テント１４００人程度であり、山中野営場程度の規模ではあるが、周辺に無人の広大な山岳地帯があり、その周辺環境のすばらしさは山中野営場とは比較にならない。

毎年40カ国の少年少女がハイ・アドベンチャー訓練を受けるため1万２０００人ほど訪れる。現在、ＫＩＳＣは参加費によってほぼ独立採算で、16人の国際委員会が運営しているが、その委員中、スカウト組織から選出される者は5人にすぎない。その教育内容は、日本のロー・アドベンチャーとは逆の、地の利を活かしたハイ・アドベンチャー化であり、学ぶところが非常に大きい。

高校野球は日本の誇るべき文化

2013年8月8日、甲子園において開催された第95回全国高等学校野球選手権大会で、日本高野連会長であるぼくは、「励ましのことば」として、以下のように述べた。

「みなさん、おはようございます。全国高等学校選手権大会は、今年、95回の記念大会を迎えることになりました。選手のみなさん、出場おめでとう。甲子園へようこそ。

この大会が始まったのは、今から98年前の1915（大正4）年です。このとき、いまや学生野球のスタイルにもなっている、ひとつの儀式が生まれました。それは、

第95回全国高等学校野球選手権大会開会式（甲子園球場）

試合の始めと終わりに、両チームがホームベースを挟んでおこなう『礼』です。『礼に始まり、礼に終わる』という武士道精神の表れです。

当時の平岡寅之助《ひらおかとらのすけ》副審判長は、選手たちへの訓話《くんわ》の中でこう話しています。『徳義《とくぎ》を重んじる勇者の試合には、必ず付随《ふずい》すべき礼儀と信じて制定した』と。

『徳義』とはモラルです。野球においてのモラルとは、『フェアプレイの精神』です。だから勇者とは、フェアプレイの精神を重んじる人のことです。これも『義に生きる』武士の精神と同じであり、『困難だがあえて正しい道を歩む』ことを意味します。

甲子園は、『勝者』と『敗者』を分ける場ではありません。どんな困難にもびくともしない『勇者』を育てる舞台です。

勇者とは、勝っておごらず、謙虚《けんきょ》さを忘れない人のことです。勇者とは、負けてくじけず、誇りをもって未来へ立ち向かう人のことです。

甲子園のファンは、そんな『真の勇者』に惜《お》しみない拍手を送ることでしょう。

記念大会にふさわしく、正々堂々たる歴史に残る熱い戦いを期待しています。」


右の挨拶《あいさつ》について、特に解説すべき点はない。しかし、日本における高等学校野球が、その規模、その運営、その規律において見せる特色は、学生スポーツの中でもひときわ輝いている。加盟校数は4000校を超え、登録選手数は17万人に近く、しかも年々増えている。年間1万回に近い公式試合はすべてボランティアによって運営され、「野球憲章」という、野球を「教育の一環」として位置づける独自の憲法をもっている。

「春は選抜から」といわれる「選抜大会」と、「夏の甲子園」といわれる「選手権大会」は、いずれも高校野球でありながら、いまや日本の国民的な風物詩として認知されているばかりか、甲子園はいまや球児たちの憧れの「メッカ」と化している。

世界的に見ても、日本の高校野球ほどの参加校数の規模と整然たる組織運営の実態をもつ高校スポーツの団体は他に存在せず、それゆえ、高校野球はいまや日本の文化と言っても過言ではない。

高校野球は高校スポーツのモデルとしての歴史と伝統を担っており、これからも日本の学生文化の重要な一端《いったん》を担うものとして、さらなる磨きをかける努力が求められる。

「凡事徹底《ぼんじてってい》」が「ルーズベルトゲーム」を制す

第95回全国高等学校野球選手権記念大会は、連日好天に恵まれて、気合の入った好ゲームが続き、観客数は85万人という最高記録をつくった。8月22日の閉会式における私の「講評（抄）」を左に掲げる。

「地方大会決勝では延長戦、サヨナラゲームが相次ぎ、その熱気がそのまま全国大会に持ち込まれました。準々決勝では試合の全てが1点差勝負。そのうち2試合がサヨナラゲームという『激闘』でした。今年から導入された準々決勝翌日の『休養日』が選手たちの体調管理に少しでも役だったとすれば、主催者としては言うことなしです。

今大会は10校が初出場を果たしました。そのうち５校が初戦を突破し、２校がベスト４に進出しました。また、東北勢は６県のうち５県が初戦を突破し、山形勢は初めてベスト４にコマを進めました。さらに宮崎勢は初の決勝進出を果たしました。１００回記念大会に向けて、新たな楽しみの種がまかれた大会としてファンの記憶に残ることでしょう。

延岡《のべおか》学園の選手のみなさん、準優勝おめでとう。宮崎県勢としてベスト４に進出したのは48年ぶりのことですが、その戦いぶりには重厚感《じゅうこうかん》が漂っていました。３人の投手を自在に駆使し、チャンスを確実に生かす攻撃には破壊力がありました。悲願の優勝旗には手が届きませんでしたが、春夏通じて宮崎県勢初の準優勝は県民に大きな希望を与えたことでしょう。選手諸君の青春は、あの血が沸騰するような応援団の大《だい》喊声《かんせい》の中で完全燃焼したのです。胸を張ってふるさとに帰ってください。

前橋育英の選手のみなさん、初出場・初優勝おめでとう。アルプス・スタンドの垂れ幕に記された『凡事徹底』というモットーに示された、高橋光成《みつなり》選手を中心とした堅い守りで、横浜・常総《じょうそう》学院という全国優勝経験のある強豪を次々と退《しりぞ》けました。

打撃優位の時代の中で、守って守って競《せ》り勝つという自分たちの野球のスタイルを崩さず、持ち味を出し尽くしました。初出場と思えないほど、完成度の高いチームだったと思います。心からお祝いを申し上げたいと思います。」

２０１３年の甲子園は厳しい暑さに見舞われたが、全40試合中20試合が1点差のゲーム。誠に緊張感に満ちた「ルーズベルト・ゲーム」が展開された。

周知のごとく、これは、ルーズベルト大統領が野球は7、8回が1点差のゲームが面白いと言ったことから生まれた俗諺《ぞくげん》のようであるが、それにしてもゲームの本質を実に的確にとらえている。

前橋育英野球部のモットー「凡事徹底」は、まさに4対3のルーズベルト・ゲームを乗り切った原動力だった。「凡事徹底」、つまり、「小事が大事」とする日頃の練習が、拮抗《きっこう》する延岡学園との力のバランスをわずかに崩したというべきであろうか。そこに高校野球の真価があり、そこに高校球児の頼もしさがある。

もうひとつの甲子園大会

第58回全国高校軟式《なんしき》野球選手権大会は、兵庫県明石《あかし》市の明石トーカロ球場で8月26日に開幕し、30日の決勝戦で通信制の横浜修猷館《しゅうゆうかん》高校が全日制の新田《にった》高校（愛媛）を破って優勝し、その幕を閉じた。

甲子園における硬式《こうしき》野球の選手権大会終了直後に、軟式の選手権大会が毎年明石市で開催されていることを知る人は比較的少ない。現在、わが国には高校が５２００校ほどあるが、そのうち高野連に加盟している高校は約４５１４校であり、また、軟式野球部をもつ加盟高校は４６６校である。今回の軟式野球大会には、そのうちの４４校が参加して、硬式野球大会に劣らない熱戦を連日展開し、観客数も増える傾向にある。

日本の野球の原点は「草野球（＝軟式野球）」である。中学生野球や社会人野球は圧倒的に軟式野球が多い。高校の硬式野球人口が20万人ほどであるのに対して、日曜休日等に公園や河川敷《かせんじき》で野球を楽しむ社会人は200万人とも300万人ともいわれている。軟式野球部をもつ中学や大学も少なくないのみならず、高校球児の大半は軟式野球出身である。

敗戦により津波のように流入したアメリカ文化の最たるものの一つは野球であることを否定できないであろうが、わが国における野球の隆盛《りゅうせい》は、戦前からの学生野球人気という素地《そじ》があったればこそと思われる。

それにしても、昭和20年代の草野球の盛況《せいきょう》ぶりはすごかった。小学生であった私も、父が日曜日や休日に小学校の校庭などで青年団や隣村との対抗戦に登場した勇姿《ゆうし》を子ども心にどんなに誇らしく感じたことか。また、夏の夕方によくキャッチボールの相手をしてくれたことを思い出す。いまにして想えば、あのキャッチボールは野球の基本であるが、あれくらい父を身近に感じたことはない。あれほど「親子の対話」として心に残る記憶もない。

軟式野球は、あの敗戦直後の貧しさと解放感が生んだ日本独自の文化であった。軟式は、硬式と比べて、以下3点の特色をもつ。第1に、軟式野球は用具（ボールやバットなど）の点で硬式野球よりも費用が安くつく。第2に、軟式は硬式ほど打球が飛ばないので、グラウンドが狭くてもよい。第3に、身体の安全性が硬式野球よりもはるかに高い。硬式野球しかないアメリカでは、毎年50人余りの死者が出るという。

2013年の優勝校が通信制高校であったことが端的に示すように、軟式野球はどんな地方や離島の高校でも取り組むことのできやすいスポーツであり、とりわけ、生涯スポーツとしては硬式野球と比べ、むしろ勝るとも劣らない内容をもつ、といってよい。加えて、軟式野球こそはまぎれもなく日本の誇るべき独自の文化にほかならない。それにもかかわらず、軟式野球の社会的評価は必ずしも高くない。

ぼくは、軟式野球大会を「もうひとつの甲子園大会」として、もっと高く評価すべきであると考える。軟式球児の根性と情熱は若者の底力を示すものだからである。

第2章

信念が歴史を動かす

「ノーブレス・オブリージュ」――三島通陽《みしまみちはる》

貴族がその特権を享受《きょうじゅ》できるのは、彼等は戦時においては矢弾の最も飛んでくる最前線で戦い、平時においては誰よりもボランティア活動に汗を流し、多額の寄附に努めなければならないからだという。これが「ノーブレス・オブリージュ（貴族たる者、重い義務を負う）」の精神である。

ボーイスカウト日本連盟の7代にわたる総長の多くは爵位《しやくい》をもつ方々であるが、生まれながらに爵位をもっていた方は第4代総長の三島通陽《みしまみちはる》（子爵）と第7代総長の渡邉《わたなべ》昭《あきら》（伯爵）とのお二人だけである。

三島通陽（1897―1965年）は、日本ボーイスカウトの創設者の一人であり、いわば「日本のスカウトの父」と呼ぶにふさわしい方である。彼はまさしく「ノーブレス・オブリージュ」の体現者であり、生まれながらのスカウトであった。

三島は貴族として生まれたがゆえに、スカウト運動に全力を傾注できる条件があった。若いころ作家を志したこともあったが、貴族院議員を３期務め、日本連盟理事長に専念するため参議院議員を中途で辞任したほかは、その生涯のほとんどすべてをスカウト運動のために捧げた。

彼がスカウト活動を始めたのは、千駄ヶ谷青年団少年部（後の「弥生《やよい》ボーイスカウト」）を結成した１９１６（大正５）年４月のことであり、22（大正11）年７月には少年団日本連盟が後藤新平《ごとうしんぺい》を初代総裁として発足し、弥生ボーイスカウト隊団長の三島は弱冠25歳で初代副理事長に就任した（ちなみに、初代理事長は伯爵・二荒芳徳《ふたらよしのり》であった）。

以来、三島はボーイスカウト運動に専念し、戦後復活したボーイスカウトの新生日本連盟の理事長として、51（昭和26）年には、54歳で第４代総長として日本のスカウト運動を再建したのである。彼はまさしくノーブレス・オブリージュの血をもった真の貴族であった（享年68歳）。

この「ミスター・ボーイスカウト」と呼ぶべき三島が長年のスカウティングに関する経験から学んだものは以下の３点に要約できる。これを仮に「スカウト３則」と命名するのは、スカウティングのエッセンスがこの3点にすべてこめられていると考えるからである。三島はこう言う。

［第1則］「キャンピングなきスカウティングは考えられない」。スカウトは、ウッドクラフト（森林生活術）により、サバイバルとリスク・マネジメントのスキルを体で覚えなければならない。

［第2則］「パトロール・システム（班制教育）はスカウト教育の唯一の道である」。スカウトは、パトロール（班）の共同生活と仲間のチームワークにより、グッドシチズンを目指すべきである。

［第3則］奉仕というものは、「奉仕のための奉仕ではなく、教育のための奉仕でなければならない」。スカウトの「奉仕」のあり方がここに示されている。スカウトは、「ノーブレス・オブリージュ」の心意気をもって、チームプレイに励むべきである。

いずれも単純明快であるが、ここにスカウト運動の魂がある。

痩我慢《やせがまん》の心意気——福澤諭吉《ふくざわゆきち》

現在の日本において、国民が共有すべきものはといえば、「ヤセガマンの精神」ではないか。この国難を乗り切るためには、ただ耐え忍び、耐え忍ぶほかはない。貴族の心意気「ノーブレス・オブリージュ」も、騎士道あるいは武士道の核心も、すべて「自己犠牲の精神」あるいは「社会奉仕の精神」、さらに言えば、「ヤセガマンの精神」にほかならない。われわれは、あまりにも長い間この精神を失っていた。

ヤセガマンの精神を正面から説いたのは福澤諭吉の『痩我慢の説』であった。福澤は、「自国の衰頽《すいたい》に際し、敵に対して固《もと》より勝算なき場合にても、千辛万苦《せんしんばんく》、力のあらん限りを尽し、いよいよ勝敗の極に至りて始めて和を講ずるか、若《も》しくは死を決するは立国の公道にして、国民が国に報ずるの義務と称すべきものなり。即ち俗に云う瘦我慢なれども、強弱相対して苟《いやしく》も弱者の地位を保つものは、単にこの瘦我慢に拠らざるはなし」と説き、旧幕臣・勝海舟《かつかいしゅう》と榎本武揚《えのもとたけあき》を厳しく弾劾した。福澤は、勝と榎本の功績を認めながらも、この2人が敵であった維新政府の高官として名利《めいり》の地位に安住していることは、その出処進退が「士人の風」に反すると痛烈な批判の矢を放ったのである。

徳川を支えた三河武士をモデルとする福澤の『瘦我慢の説』は、見事に武士道とか騎士道とかの本質を突いている。武士道と騎士道に共通する「敢為堅忍《かんいけんにん》の精神」、俗にいう「ヤセガマンの精神」は、これと表裏の関係にある「名誉」とか「誇り」とかいう、人としての生き方としっかり結びついているからである。

では、「瘦我慢を張る」という生き方とは、どういう生き方をいうのであろうか。武士は義に生きるという。この「義」とは、武士の最も厳格な掟《おきて》であり、新渡戸稲造《にとべいなぞう》の『武士道』によれば、「人が喪《うしな》われたる楽園を回復するために歩むべき直《なお》くかつ狭《せま》き路《みち》」であるという。つまり、「ヤセガマン」を張って突破すべき困難な道である。そして、義に生きるサムライは、あえてこの困難な道を選択しなければならないのである。それでこそ「サムライ」という名に値する生き方である。

亡国《ぼうこく》の兆しの見える現在、われわれに残された道は、義に生きるほかに選択の余地はない。失われた経済大国日本（楽園？）を回復するかどうかは別として、少なくともデフォルト国家の道だけは避けねばならない。そのために必要なことは、スティーブ・ジョブズの「ステイ・ハングリー」、すなわち、ヤセガマンを張ることではないか。その心意気がないかぎり、現在直面する国難を乗り切ることは不可能であろう。

しかし、たとえヤセガマンを張ったとしても、日本の前途にはさまざまな困難が予想される。だからこそ、われわれがボーイスカウト運動に賭《か》ける想いは、せめて未来への確かな希望だけはつなぎとめたいという使命感である。

福澤こそは、真にサムライの魂をもった漢《おとこ》であった。その心意気を継ぐ義に生きる漢たちの出現が待たれる。

「ワン・フォア・オール、オール・フォア・ワン」

「ワン・フォア・オール、オール・フォア・ワン（1人は万人のために、万人は1人のために）」というスローガンは、現在では、ラグビーの専売特許《せんばいとっきょ》のように思っている人たちが多いが、実はこのスローガンは中世の騎士たちの合言葉である。

アレクサンドル・デュマの『三銃士』の映画を見ると、主人公のダルタニアンを囲んで、アトス、ポルトス、アラミスの4人が共通の敵と対戦する際に、剣を合わせて、「アン・プール・トゥー、トゥー・プール・アン」と叫ぶ。あれがフランス語のこの合言葉なのである。固い絆で結ばれた仲間の心意気を示し、男の友情の精華というべきものであろう。

ラグビーは、イギリスの良家の子弟の学ぶパブリック・スクールで生まれた。その結果、イギリスでは、ラガーメンには医者（ドクター）や弁護士（ロイヤー）などのエリートが多く、彼らのプライドがあの合言葉となったのであろう。

たしかに、この合言葉は団体競技、とりわけチーム・プレイが重視されるラグビーにはピッタリである。しかし、同じ団体競技であっても、ラグビー以外ではあまり使用されている様子はない。おそらく、チームのプレーヤーが共有する意識の違いにもとづくものであろう。つまり、ラガーメンのもつエリート意識が、この合言葉を事実上ラグビーの専売特許とする現状を生んだのではないか。

中世の騎士については、ブルフィンチ『中世騎士物語』（岩波文庫）を読み、アーサー王とその円卓の騎士ラーンスロット、ガウェイン、トリスタン、ガラハド、パーシヴァルなどの活躍や悲劇に夢中になった経験をもつ者は少なくないであろう。そこに、騎士道（シヴァルリー）の見事な典型を見出だすことは容易である。

騎士道のおきて（Knights'Code）には、「夜寝る時以外は鎧兜をまとって常に備えよ（Be always ready）」とか、「国を守るための戦いに備えよ（Be prepared）」とかいう騎士に特有のおきてもあるが、多くはスカウトのそれと共通している。しかし、おきての最終項は、「騎士道は、若者が、最も労力を要し、最も卑《いや》しい任務を快活に実行し、他者に善をなすことができるように訓練されることを要請する」として、騎士道精神を鼓吹《こすい》する。

ベーデン＝パウエルは、これをヒントに、スカウトの「ちかい」と「おきて」を定め、名前の頭文字（B・P）を組み込んだモットーとして「そなえよつねに（Be Prepared）」を採用した。

日本では現在、死語と化しつつあった「絆」という言葉がこの大震災を機に復活しつつある。それは、いわば「社会」のあり方の反省を意味する。ドイツの社会学者テニエスの区分によれば、そこには「利益社会（ゲゼルシャフト）」ではなく、「犠牲社会（ゲマインシャフト）」、つまり、ソロバン勘定の社会ではない血の通った人間らしい社会（共同体）への志向が見られる。

もとより、大震災による一時的現象かもしれないが、「オール・フォア・ワン」の精神が少しでも復活するとすれば、それはそれとして嬉しいかぎりである。

「グランド・ツアー」に学ぶ

17、18世紀のイギリスの貴族の御曹司たちが、1、2年（長い場合は5、6年）かけてフランスやイタリアを成人の通過儀礼として旅する「修学旅行」を「グランド・ツアー」といった。

フランスの宮廷文化、イタリアのローマ文化やルネサンス文化に触れる機会をもつこと、あるいは、長期間の旅で一人前の男として鍛えられることは、「島国」イギリスの若者にとっては得がたい経験であり、国際人として通用する幅広い教養を身につけるまたとない学校であった。

ジェームズ・ヒルトンの『チップス先生さようなら』で、チップス先生がイタリアの旅行中に、妻となる女性と出会う場面などを思い出すと、ある意味で、このグランド・ツアーは現代にまで続いており、イタリアのローマ遺跡やルネサンス芸術の観光旅行はその名残といってよい。

日本でも、江戸時代の武者修行は、これと似たところがあるが、旅の目的が武芸の修行に限られており、また、身分的にも中級武士の子弟が中心だったようで、人数的にも、幕末を除けば、さほど多くはなかったと思われる。その意味では、グランド・ツアーとはかなり異なるが、「旅」によって人間を鍛えようとする点では共通性がある。

このように、洋の東西を問わず、旅のもつ青少年教育の効用はきわめて大きい。なぜなら、「旅」には未知との遭遇という楽しみがある一方、それによるリスク、つまり、「痛い目」に遭うことも避け難いからである。そこで、ぼくは、旅のもつ教育的効用を現代に応用して、「小さな旅」と「大きな旅」を青少年教育に組み入れることを提唱している。

まず、小学生と中学生には、野外活動という「小さな旅」のすすめを説いている。遊びざかりである上、好奇心のかたまりであるこの年齢の少年たちに、野営《やえい》を経験させることは、心身の発達の上できわめて有効である。自然の中に放り出されて、サバイバルに努めたり、思い切りのびのびと遊んだりする楽しさは、生涯忘れることのできない「少年の日」を満喫することになるであろう。

大自然の中での1週間ほどのキャンプ生活は、遊び疲れる楽しさと、蜂に刺されたり崖から転落したりする「痛い目」にあう体験により、教室では決して得られない「生きた知恵」を身につける機会となろう。

では、「大きな旅」はどうか。それは高校生と大学生の海外留学のすすめである。どんなにグローバルな時代になろうとも、旅には青少年を鍛える効果がある。外国で学ぶためには、言語のハンディーに加えて、異文化の中で、見ず知らずの人々との生活を余儀なくされる。孤立無援。日本で暮らすような、周囲から寄ってたかって手をさしのべてくれる環境は期待できない。すべてを自分1人で切り開く必要がある。

だからこそ、人間として鍛えられることになる。他者との協調・共生のスキルとともに、自主・自律の精神を身につける貴重な機会となる。苦労が人を育てるのだ。

「そなえよつねに」とは

Ph.デュ・ピュイ・ド・クランシャン『騎士道』（文庫クセジュ）によれば、ボーイスカウトは「騎士道精神のはるかな後継者」である。近代スポーツも、その創始者であるイギリスの貴族の精神、すなわち、無欲と公正のフェアプレー精神の淵源はおそらく騎士道に由来するものであろうが、スポーツでは信仰心が除外されている。それゆえ、騎士道精神の正統な継承者は現代ではボーイスカウトだけかもしれない。

スカウト運動の創始者ベーデン＝パウエルがボーイスカウトの「ちかい」（プロミス）と「おきて」（ロー）のモデルとしたのが騎士道のそれであったことは明白である。そしてまた、スカウトのモットーである「そなえよつねに」もそうであった。

「天災は忘れたころにやってくる」とは、寺田寅彦の有名な言葉である。だから、

「そなえよつねに」ということになろうが、それだけではない。東日本大震災においては、想定を超える大津波が発生したため、巨額の国費を投じた大堤防を津波は楽々と超えた。しかし、これは「想定外」と言ってすまされる問題ではない。

もとより、災害は「天災」のみによるわけではなく、「人災」によることが多く、今回の大震災では、二次災害の原発事故による被害が大きい。これを識者の多くは、むしろ「人災」と考えているようである。「そなえよつねに」とは、もともとは「人災」に対するものであったと思われる。

ベーデン＝パウエルは、騎士のモットーは「常に備えよ（ビィ・オールウェイズ・レディー）」であり、スカウトのモットーは、「夜寝るとき以外は、鎧兜を身にまとい常に備えよ」という騎士の掟から生まれたと言う。おそらく、ローマ人の合言葉「平和を欲するのであれば、戦いに備えよ」も、そしてまた、わが国の戦国武将の心得「勝って兜の緒を締めよ」も、その目指すところは同じであろう。

いずれにしても、ボーイスカウトは、「あらゆる事態に常に備えねばならない」義務がある。しかし、あらゆる事態を想定することは難しい。では、想定外の事態に対してどうするか。

スカウトは、その訓練によってさまざまな技能（スキル）を磨く。加えて、野外活動によってサバイバルのスキルを学ぶ。そのために、スカウティングでは、最もキャンピングが重要視され、少年たちは、これにより自主・自律のスピリットと共生・協働のマナーを体得するのである。

こうして、野外活動により、少年たちに想定外の事態に対処できる「生きた知恵」を学ばせ、私たちの未来を託するに足るタフな少年たちを育成することは、「そなえよつねに」の大きな目標である。

いま日本にとって備えるべき課題は、地震などの「天災」よりも、放射能とか国家のデフォルトとかの「人災」に対応できる人材の育成であろう。

「フェルト・フェルト・フェルト」

「フェルト・フェルト・フェルト」（ラテン語の「耐え忍べ、耐え忍べ、耐え忍べ」の意）は、聖ヨハネ病院騎士団のモットーである。このホスピタル騎士団は、１０９９年、聖地エルサレムを奪回した第1回十字軍のとき事実上成立し、教皇バスカリス2世により１１１３年に認可された。

超国家的性格を有する騎士団は、エルサレムへの巡礼者の旅の護衛にあたるために自然発生した修道会士たちの活動が騎士団化（十字軍化）したものである。聖地守備の常備軍を設置することが困難な西欧諸国は、これを強力に後援したこともあり、ローマ教皇がこの多国籍軍に国家に比すべき特権を付与した。

その結果、聖ヨハネ病院騎士団は、ヨーロッパに1万９０００カ所の所領をもち、傷ついた巡礼者や十字軍兵士の看護のために病院施設を有する修道会騎士団に成長した。他方、1084年に事実上、成立したにもかかわらず、聖ヨハネ病院騎士団よりも若干遅れて教皇ホノリウス2世により認可されたテンプル騎士団は、純軍事組織の超国家として、1万カ所余の所領を有し、強大な経済力を誇った。

両騎士団は、いずれも「清貧、貞潔、順従」をモットーとする騎士道精神と修道会の宗教的性格を併せもつ十字軍運動の輝ける星であった。しかし、テンプル騎士団は、十字軍運動の衰退につれて、軍事行動よりも経済活動に重点を移したため、その存在自体が無用化し、また、その強大な軍事力が国家に対する脅威と受け取られるようになった。そのため、テンプル騎士団の幹部は、フランス国王フィリップ4世により火刑に処せられ、1312年に廃絶させられた（橋口倫介『十字軍騎士団』（講談社学術文庫）参照）。

これに反して、聖ヨハネ病院騎士団は、慈善的病院の業務を堅持し、十字軍の前衛としての役割をはたし続けて、騎士団創設の目的・使命を10世紀にわたり守り続けてきた。その情熱の持続こそが、まさにそのモットー「フェルト」の精神の発現である。

エルサレムの本拠地を追われた両騎士団は、１２９１年キプロス島へ退避する。テンプル騎士団は以後、事実上ヨーロッパ中心の経済活動に従事するが、聖ヨハネ病院騎士団は、トルコ周辺の地中海で軍事活動を続け、１３０８年にはロードス島に活動の拠点を移す。マムルーク軍の来攻により１５２２年にロードス島を追われるも、１５３０年にマルタ島に移る。以来１７９８年にナポレオンの侵攻による撤退まで、この島で頑張り、いまではその本拠をローマ市内に移す。

現在、国家に準ずる地位を有する聖ヨハネ病院騎士団は、多国籍の８０００人の騎士を擁し、黒マントの現代の騎士たちは、「八尾の白十字」の団旗のもとで、「フェルト」の精神により、世界各地で医療活動に従事しているのである。「フェルト、フェルト」の精神をもって、巡礼者の護衛と看護という当初の目的を10世紀にわたり堅持してきた聖ヨハネ病院騎士団の歴史は、情熱の持続力がいかに大切であるかをぼくたちに語りかけている。

「目配り」と「気配り」の大切さ

日常生活の中でよく耳にする「あいつは目配りのいいやつだ」とか、「あの子は気配りのよくできる子だ」とかいうことがある。いつもは何気なく聞き流しているが、よくよく考えてみると、一見《いっけん》、平凡なことばにすぎないようだが、実は深い含蓄《がんちく》がこめられていることに気づかせられる。

ぼくは法律家であるが、法律学では事実関係をいかに分析し、それを法律的にいかに構成するかが問題である。なぜなら裁判で争うためには、そのような手続がとられる必要があるからである。刑事裁判では検察官から、民事裁判では原告からある主張があれば、被告人（刑事）から、あるいは被告（民事）からはそれに対する反論がなされる。そして、両者の主張の交錯点《こうさく》が争点ということになる。

刑事裁判ではこの交錯点に真実が浮かび上がり、民事裁判ではその争点の法律構成が勝敗を決する。それゆえ、裁判では事実関係をあらゆる角度から分析・検討して争点を析出《せきしゅつ》しなければならない。

このように、法律学ではまず事実関係をあらゆる角度から分析し、そこから法律的争点を析出することが重要である。どこに法律的な問題点があるかを明らかにするための「目配り」ができるかどうか、そこに法律家の資質はかかっている。しかし、資質があるだけでは優れた法律家にはなれない。それだけだと、いわゆる三百代言《さんびやくだいげん》にすぎない。

その主張が相手に対して説得力をもつには、相手の立場に立って考えてみる必要がある。つまり、相手の立場からしても、その主張の正当性を認めざるをえないだけの説得性を備えなければならないのである。これが法律学における「気配り」ということになる。

では、社会人にとってはどうであろうか。その点では、おそらく法律家と変わるところはほとんどないであろう。実務処理の上で、かつてはなすべきことをなし、尽くすべき注意を尽くせば「目配り」としては十分であったが、現代ではありうるかもしれないリスクについてもしっかり予見《よけん》して、あらかじめ打つべき手を打って損害発生の未然防止にまでも「目配り」が必要となっているが、その点では法律家においても同様である。

こうして攻めの「目配り」は。相手の立場に立って見直され、相手方の主張の狙い、ないしは目的を予測して守りの「気配り」によって補強されることになるであろう。

ボーイスカウトが「そなえよつねに」をモットーとして掲げ訓練に励むのは、この「目配りと気配り」のできる社会人を育てるためである。実際、野外訓練では観察力とかリスク対応力を身につけるための「目配り」の重要性を学び、野外生活では、これを楽しむために仲間に対する「気配り」の必要性を学ぶ。立派な社会人となる下地はこうしてでき上がってくる。

もっとも、「目配りと気配り」は理屈で身につくものではない。これを身につけるには、集団スポーツやボーイスカウト活動などにより、共に汗を流し、涙を流す体験が必要である。

「志高頭低」――ぼくのモットー

モットーとは「行動指針」のようなものである。個人についても団体についてもモットーを掲げている例は少なくない。ぼく自身のモットーは「志高頭低」であり、ボーイスカウトのそれは「そなえよつねに」である。

自分のモットーを定めようと思ったのは、長年大学で教育・研究に携わっているうちに、自己を律《りつ》するためにも、学生を指導するうえでも、その必要性を感ずるようになったためである。

早稲田大学では、「稲」にちなんで、いつのころからか「実《みの》るほど頭《こうべ》を垂《た》れる稲穂かな」というモットーもどきの成句《せいく》が流布《るふ》するようになり、これを知った入学直後のぼくはいたく感激した。そして、本気でそうした生き方をしなければならないと心に誓った。

ところが、実際に大学教員となってみると、その期待を裏切られることが少なくない。このままだと大学はどうなることだろうかと不安にかられた頃、はたして社会的評価としてそれは現実となった。1980年代後半からのことである。大学の学問的評価が低下するにつれて、当然のことながら、世間の評判も急激に落ちた。

私は専任講師となったとき、指導教授の大野實雄《おおのじつお》先生から色紙に「随処作主《ずいしょさくしゅ》」という言葉を揮毫《きごう》していただいた。「どんなところでも第一人者となれ」という意味であるが、そのためには「どんなつまらんことでも全力を尽くせ」から始めねばと肝《きも》に銘《めい》じた。後に、高名な商法学者であられた大濱信泉《おおはまのぶもと》・第7代総長(大野先生の師でもある)のモットーが「人生無飛躍」であることを知った。

ぼくも早稲田大学で学んだ1人として、ぼくなりのモットーをつくろうと思い、「志高頭低」(志はあくまで高く、頭《ず》はあくまで低く)というモットーをつくってみたが、最初は気恥ずかしく、使うことがためらわれた。なにしろ、ぼくは助手の頃、

「教授面した助手」といわれ、態度がでかすぎる「生意気なやつ」と思われたようなのだ。

そんなただでさえ「生意気」な人間が「志高頭低」などとわめいても、本気で聞く者はおるまいと思っていたが、総長になるとしばしば揮毫を求められるようになったこともあり、字の下手なぼくとしては、揮毫はできるだけ文字数の少ない方がよい。それに、せめてモットーくらいは自作のものを掲げたい、そんな破目《はめ》に追い込まれたのである。

ではどうする。自分のモットーである以上、自戒《じかい》をこめることは当然であるが、学生や校友にも通用する内容であればさらによい。こうしてぼくは「志高頭低」という自作の下手なモットーを公《おおやけ》に使用するようになった。早稲田の人間であれば、建学の父・大隈重信《おおくましげのぶ》のようにわが国を立憲民主国家として建設するという「高い志」をもち、建学の母・小野梓《おのあずさ》のように、自由民権を実現するために「頭を低くした生き方」に努めねばならないと信じているからである。それが早稲田大学をつくったのだ。

人間だれしも、少し油断すると「志は低いくせに、頭ばかり高い」という人間になりかねない。早稲田人ならずとも、心して自戒すべきである。

「信ずる者は救われる」か？

法学者の常識は、「信ずる者はだまされる」である。昨今多発するさまざまな巧妙《こうみょう》な手口《てぐち》による詐欺《さぎ》事件を想起《そうき》するだけで納得がいくであろう。これに反して、宗教においては「信ずる者は救われる」ということになる。そもそも信者がいなければ宗教は成り立たないからである。

自然科学は、実験可能な分野であるから、信ずるか否《いな》かで事の正否《せいひ》を決することはできない。では、基本的に実験不可能な分野である社会科学ではどうであろうか。たとえば民主主義についていえば、その正しさは結局支持者の人数に還元《かんげん》される。しかし、すでに古代ギリシアの時代にプラトンは真の民主政は哲人政治でなければ実現できないと断言した。賛成・反対を各人の個人的利害で決するのであれば、それは衆《しゅう》愚《ぐ》政治にほかならないからである。

それでも、現在、政治システムとして民主政を採《と》らざるをえないのは、それに代わる優れたシステムが見当たらないからである。もともと民主政が復活したのは、８００年に及ぶイギリスの議会政治においてであった。イギリスの議会は貴族によって構成されていたが、「ノーブレス・オブリージュ」（貴族たるもの重い義務を負う）という高い矜持《きょうじ》をもつ貴族たちは、個人的利害によってその投票行動を左右されることがなかったことから、民主政が根づいたのである。

では、民主政に未来はあるか。こうした問題を考えるとき、ぼくはいつもヘルマン・ヘッセの『デミアン』（岩波文庫）の中にある寓話《ぐうわ》「ある星にほれこんでしまった青年の話」を思い出す。

その青年は海辺に立って、両手をさしのべながら、その星を拝《おが》んだ。彼はその星を夢に見るほど思いをつのらせた。しかし、彼は星というものを人間が抱きしめることはできないことも知っていた。

ある日の夜ふけ、彼は海辺の高い切り立った崖《がけ》の上に立ち、その星を見つめていた。そして慕情《ぼじょう》が激しくもえ上がった一瞬に、彼は飛び上がると星をめがけて虚空《こくう》の中へおどりこんだ。しかし、飛び上がったせつなに、彼はやっぱりだめにきまっている、と思った。そのため、彼の肉体は崖の下の岩場でみじんに砕けた。

もしも飛び上がった瞬間に、確実なその実現を堅く信じるだけの精神力があったとしたら、彼はおそらく高く舞い上がって、星とひとつになれたに違いない。しかし、この青年は愛するということがどういうことなのか、わかっていなかったのである。

星にほれこんだ青年の話は以上のとおりである。たしかに、これは寓話にすぎない。しかし、この寓話には、人間の生き方として無視することのできない真理が含まれている。人間の一念というものは、宗教がそうであるように、世界でさえも変えることがあるではないか。

「ベター・ワールド」を志向するスカウト運動もまた然り。この運動の未来を確信する指導者の精神力がどれだけあるかにより、希望の星の輝きは確実に違ってくるのだ。

「ならぬことはならぬものです」

ＮＨＫ大河ドラマ『八重《やえ》の桜』は、改めて会津藩士の士道《しどう》・士魂《しこん》に全国民の注目を集める機会となった。ぼくは同志社大学の創立者・新島襄《にいじまじょう》についてはは多少知るところがあったが、その妻・八重については知るところが少なかったので、あれこれ文献を漁《あさ》ったりした。とはいえ、それは男装《だんそう》の女性戦士・八重についての単なる好奇心から出たものにすぎない。

しかし、女性までも戦いに駆《か》り立てる会津藩の教育については深く心に感ずるところがあった。いまでは、多くの人たちの知るところとなった会津の士魂とは、「日新《にっしん》館童子訓《かんどうじくん》」によって教育されたようだが、その真髄《しんずい》を端的《たんてき》に伝えるのが藩校・日新館の「什《じゅう》の掟《おきて》」であることは明らかと言ってよい。

日新館に6歳で入学した子どもたちは、毎日この「什の掟」を朗誦《ろうよう》することが義務づけられており、現在でも通用する主なものは、次の五カ条と思われる。

一、年長者の言ふことに背《そむ》いてはなりませぬ。
二、年長者には御辞儀《おじぎ》をしなければなりませぬ。
三、嘘《うそ》言を言ふ事はなりませぬ。
四、卑怯《ひきよう》な振舞をしてはなりませぬ。
五、弱い者をいぢめてはなりませぬ。

そして、これらすべてを承《う》けて、「ならぬことはならぬものです」と締《し》めくくっている。実に簡潔で明快《めいかい》な内容であり、解説の必要はないが、それだけに心に重く響く戒《いましめ》めとなっている。

それゆえ、右の戒めは、たとえ階級社会であろうと、格差社会であろうと、どのような社会においても基本的に通用する戒めである。そして、現在、これと基本構造を同じくする「おきて」を朗誦する青少年団体はボーイスカウトくらいなものである。

青少年という世代の教育というものは、「ちかい」や「おきて」をたえず朗誦させているうちに、それが次第に身心《しんしん》に浸透《しんとう》してゆき、いつしか血肉《ちにく》となってゆく効果の著しい方法である。とりわけ、「什の掟」の朗誦には公共心を養わせる方法としては大きな効果が期待できるように思われる。会津藩には封建社会のモデルともいうべき「家訓」もあり、現代社会においてすべてが学ぶべき内容とはとても思われない。だが、「什の掟」には、ぼくたちにとっても学ぶべきところが少なくない。

現在の日本を見るかぎり、社会は混迷をきわめ、人々は相互不信におちいり、生きる拠りどころを見失っているかに思える。親も教師も、子どもたちに「ならぬこと」を「ならぬものです」ときっぱり断言できる自信を喪失しているように見えてならない。

しかし、「ならぬこと」はいつの世でも「ならぬもの」であり、その判断はだれにでも比較的容易にできる。それをあえて指摘したり、糺したりする勇気がないとしたら、それこそ「ならぬもの」ではないか。同じ人間社会である以上、昔の掟であっても現代に立派に通用するものはありうるのだ。

第3章

温故知新・先哲の教えに学ぶ

少年の心をもつ男 ①後藤新平《ごとうしんぺい》

東日本大震災で思い出されるのは後藤新平（1857―1929年）である。関東大震災が発生した年（1923年）、東京市長として腐敗した市政の刷新と東京都市改造計画に取り組んでいた後藤は、大震災直後、第2次山本権兵衛《やまもとごんべえ》内閣の内相兼帝都復興院総裁となり、帝都の「復旧」ではなく、「復興」に着手した。

しかし、この壮大な復興計画は、議会の抵抗といわゆる難波大助《なんばだいすけ》事件（摂政宮《せっしょうのみや》暗殺未遂事件）とによって画餅《がべい》に帰し、痛恨《つうこん》の結末となった。このたびの東日本大震災の復興にあたって、後藤のような偉大なステーツマンが現れないのはなぜであろう。そこに現代日本の深い病根《びょうこん》を見るのはぼく1人であろうか。

後藤がボーイスカウト日本連盟の前身・少年団日本連盟の初代総裁（後に初代総長）に就任したのは大震災の前年である1922年の東京市長の時であった。それまでに、すでに内務省衛生局長、台湾総督府民生長官、満鉄初代総裁、鉄道院初代総裁、逓信・内務・外務大臣などを歴任した後藤は、ベテランの行政テクノクラートとしての名声を確立していた。その後藤がボーイスカウト運動に愛着をもち、そのとりこになったことは、日本のスカウト運動にとってまことに幸運というしかない。

それは一面、後藤の「ハイカラ趣味」のせいでもあったようではあるが、なによりもそれは後藤が「少年の心をもった男」であったことによるのではないか。スカウト運動の創始者ベーデン＝パウエルは、常づねスカウトの指導者に対して、「ビー・ア・ボーイマン」（少年の心をもった大人であれ）と語ったという。後藤はまさにそのような人物であった。

その後藤が全国を遊説《ゆうぜい》してスカウトたちに精力的に説いたのは、彼の終生の政治スローガンともいうべき「自治《じち》三訣《さんけつ》」――人のお世話にならぬよう（自助）、人のお世話をするよう（互助）、そして酬《むく》いを求めぬよう（奉仕）――である。後藤は、ボーイスカウト活動の集団的自治訓練を通して、自治三訣の精神を養成できると考えたのである。もっとも、右の「奉仕」は「皇恩報謝《こうおんほうしゃ》」とも言う。その意味で、これは政治刷新による「国家への奉仕」を目指す一種の愛国運動のスローガンでもあったが、後藤の熱心な国際親善への努力は、偏狭《へんきょう》なナショナリズムとは一線を画するものであった。

この自治三訣——自主自律・社会奉仕・自己犠牲——こそ、わが国のスカウト精神の中核をなすものであり、後藤はその精神の訓練道場をボーイスカウト活動に求め、その基礎づくりのために、彼の余生のすべてを捧げた。

こうした後藤のスカウトへの傾倒ぶりはスカウトたちにも伝染し、「僕等のすきな総長は／健児のためと言うならば／お国のはてのはてまでも／喜び勇んで行かれます」（後藤総長弥栄の歌）と歌われたほどであった。そこに「少年の心をもつ男」のいまなお輝く栄光がある。

百年樹人《ひやくねんじゆじん》の教訓　②後藤新平

後藤新平は、二・二六事件で殺害された内相・齋藤實《まこと》（海軍大将・総理大臣・少年団日本連盟第2代総長）と共に、仙台藩水沢が生んだ三秀才の一人であり、一介の田舎医者から中央の大政治家へ成長した。このいわば「病人の医師」から「社会の医師」への華麗な変身は、明治末期のサクセスストーリーの中でも、ひときわ光彩を放つヒーローとして、青少年のあこがれの的であった。

後藤の成功は当然、彼自身の能力と努力によるものであったが、彼はその地位を昇るにつれ、人材の登用と養成に努めるようになり、現場の人材を大事にする現場第一主義を貫いた。その人材養成の哲学がボーイスカウト運動に傾倒した理由の一つでもあろう。奉仕の精神に根ざす実践力、そこに後藤は日本の未来を担う確かな希望を見出したのではないか。その意味で、後藤は、単なる「日本の都市計画の父」というよりも、むしろ「日本の未来の設計者」とでも呼ぶべき人である。

彼の打ち出す構想は、「大風呂敷」といわれるほど雄大であったが、それは彼が常に日本の未来を見据えていたがためである。「公共＝国家」の基礎を「自治」と考えていた彼にとって、奉仕の精神をもつスカウトの育成は、まさに彼の考える「国づくり」のために生涯を賭けるべき使命だと感じられたのではないか。

それは、ベーデン＝パウエルがその輝かしい軍歴（陸軍中将）を途中で投げ出し、スカウト運動に余生を捧げることを決意したのによく似ている。「坂の上の雲」を見上げて、黙々と自己を鍛えた明治の青少年の世代に属する士族の一人である後藤にとって、「痩せ我慢の精神」の発揮のしどころだったのであろう。

いま日本には「亡国の兆し」が色濃く見られ、国民は希望を失いかけている。日露戦争時や第二次大戦の敗戦時にも比すべき国家の危機といっても過言ではない。この苦境を脱するためには、日本の未来であり、希望である青少年をどう育成するかにかかっている。

そこで思い出されるのは、春秋時代の斉の名宰相・管仲《かんちゅう》の「百年樹人」の教えである。すなわち、「一年の計は穀《こく》を樹《う》うるに如《し》かず、十年の計は木を樹うるに如かず、終身の計は人を樹うるに如かず」、あるいは、「一樹一穫は穀なり、一樹十穫は木なり、一樹百穫は人なり」と。これは、いうまでもなく、「人づくり」あるいは「教育」の大切さを諭したものである。

後藤も、その最晩年、当時の若き副理事長（後の日本連盟第4代総長）・三島通陽に対して、「よく聞け。金を残して死ぬ者は下だ。仕事を残して死ぬ者は中だ。人を残して死ぬ者は上だ。よく覚えておけ」と言ったという。「一に人、二に人、三に人」をモットーとした、いかにも後藤らしい言葉である。この言葉を自分の後継者と目される三島に残した後藤の心中には、おそらくは、「立派なスカウトを残すことが、どんなに大事なことか。それが俺たちの務めなのだ」という想いがあったのであろう。

司馬遼太郎の少年たちへの遺言

１９８８年、司馬遼太郎さんは6年生用の『小学国語』（大阪書籍）に『二十一世紀に生きる君たちへ』を書いた。その文中で司馬さんは「私の人生は、すでに持ち時間が少ない。例えば、二十一世紀というものを見ることができないにちがいない」と書き、7年後の95年にその生涯を閉じた。

司馬さんは「二十一世紀というものを見ることができないにちがいない」と書き、「かもしれない」とは書かなかった。「だから、君たちと話ができるのは、今のうちだということである」と続けている。だから、ぼくはこの文章は司馬さんの「遺言」だと思っている。

では、司馬さんは「君たち」（小学6年生）へ、どんな遺言を残したか。ぼくはこの文章が発表された当初から、これこそが司馬さんがこの世に残しておきたいと考えている魂の叫びであろうと考えていた。

もとより、小学6年生に対する文章であるから、司馬さんは難しいことは一言も書いていない。きわめて単純明快である。だからこそ、そこには司馬さんの本音が端的に表われているといってよい。

司馬さんはこう言う。自然こそ不変の価値であり、古来人間は自然こそ神々であるとして、自然をおそれ、その力をあがめてきた。ところが、現代の人間は自分たちこそが「えらい存在だ」という思いあがった考えをもち始めた。しかし、「私ども人間とは自然の一部にすぎない」「この自然へのすなおな態度こそ、二十一世紀への希望であり、君たちへの期待でもある。そういうすなおさを君たちが持ち、その気分をひろめてほしいのである」と。

当時、司馬さんは日本の土地神話に警鐘を鳴らしつつ、３・11の大震災を予感していたのかもしれない。だから、司馬さんは、若い世代に希望を託した。

「君たちは、いつの時代でもそうであったように、自己を確立せねばならない。――自分にきびしく、相手にやさしく、という自己を。そして、すなおでかしこい自己を」。

人間は助け合って生きており、決して孤立して生きられるようにはつくられていない。「いたわり」「他人の痛みを感じること」「やさしさ」、「この三つの言葉は、もともと一つの根から出ているのである。根といっても、本能ではない。だから、私たちは訓練をしてそれを身につけねばならない」。

司馬さんは、以上のように述べた後、「鎌倉時代の武士たちは、『たのもしさ』ということを、たいせつにしてきた。人間は、いつの時代でもたのもしい人格を持たねばならない」と結ぶ。

この小文はそのほとんどを司馬さんの文章の引用で占める。それくらいぼくは、『二十一世紀を生きる君たちへ』という文章には、全編に司馬さんの魂の叫びがみなぎっていると思うからである。その想いをぼくたちはどう次世代の若者たちに伝えるか。明日の日本の再生を願って……。

教養としての「琴棋書画《きんきしょが》」

中国・唐の時代（618—907年）の知識階級（士人）は「琴棋書画」を嗜んだようである（青木正児《あおきまさる》『琴棊書画』東洋文庫参照）。つまり。これが当時の「教養（リベラル・アーツ）」だったのである。

もっとも、「教養」とはなにか、とりわけ、大学における「教養科目」とはなにか、については極めて多様な議論があり、定説はない。学生たちは、「専門科目」に対して「一般教養科目（学生たちはこれを「パンキョウ（般教）」と呼ぶ）」を軽く見る傾向があるが、はたしてどうであろうか。周知のごとく、独仏の大学は専門科目に特化するのに対して、英米の大学は学部段階ではリベラル・アーツを重視する。日本の大学はその中間にあると考えてほぼ間違いない。

では、「教養」ないし「リベラル・アーツ」とはなんであろうか。その正解は知らないが、ぼくはそれを「ホモ・ルーデンス（遊びの人）」の育成のための勉強だと考えている。つまり、人間として生きるために不可欠の「大局観」と「行動力」を身につけるための訓練だと思うのである。もう一歩進めると、「ホモ・サピエンス（知の人）」である前に、人間らしい情感とか倫理観を身につけさせる人格の陶冶《とうや》である。

では、「琴棋書画」がどういう意味で「教養」なのであろうか。中国最大の詩人（とぼくが考えている）李白（701―762年）を生んだ唐の時代の文人あるいは広く教養人たちが自分自身を磨くために「琴棋書画」に傾倒したのは、人間としての完成度を高めるためであった。「琴棋書画」とは、音楽・囲碁・書道・絵画のことである。では、なぜこれらが教養として重要なのか。

音楽・書道・絵画については、その重要性は説明の必要がない。これらは早くから初等・中等の学校教育の科目に組み込まれていることからも明らかである。夏目漱石も、「あらゆる芸術の士は人の世を長閑《のどか》にし、人の心を豊かにするが故に尊《たつと》い」と言っている（『草枕』参照）。ところが、なぜか「囲碁」だけはいまの学校教育から外されている。

周知のように、囲碁はいまでは国際的なゲームであり、ドメスチックな「将棋」とは異なる。その上、囲碁は、「大局観」を養い、「集中力」を鍛えるために、これほど適したゲームはない。加えて、ゲームとしての楽しさがある。楽しみながら、大局観と集中力を養うものとしては、これくらい優れたゲームはないといっても過言ではない。つまり、教育科目としては音楽・書道・絵画に決して劣らないばかりか、それらを上回る効用さえあるように思われる。

ぼくは、早稲田実業に「初等部」を創設した際に、課外授業として「囲碁部」を創設した。早大卒業生ＯＢボランティアによる支援と指導のおかげである。小学４年生の希望者から入会を認めているが、その成果は著しいものがあるという。

琴棋書画という唐代に確立した中国の「教養」は、中国５０００年の歴史が生み出した文化として決して劣化することのない人間の本性に根ざす教育法であるといってよいのではないか。

大隈重信の処世五訓

幕末・明治の激動期を生き抜き、「七転八起爺」と呼ばれた大隈重信《おおくましげのぶ》（１８３８―１９２２）は、人生１２５年説を唱えながら、85歳の若さ（?）でその波乱多き生涯を閉じた。

その大隈さんが残した次の五カ条は、その人となりを示すとともに、国のリーダーの心得として、あるいは、処世訓として、学ぶところが少なくない。これを「大隈処世五訓」として以下に掲げる。

何事も楽観的に見よ
怒るな
貪るな
愚痴をこぼすな
世の中のために働け

読んで字のごとく、きわめて平易なことばである。なんの気取りもなく、およそ飾ったところが少しもない。しかし、さすがに大人物のことばであって含蓄が深い。「何事も楽観的に見よ」とは、何事も悲観的に見たからといってその解決策が生まれるわけではない以上、むしろ楽観的に見ることによって、多少なりともその解決策の可能性を探ってみるべきであることを意味する。この「ネバー・サレンダー」「ネバー・ギブアップ」という大隈さんの不屈の精神こそが未来への希望を創ることにつながるのではないか。

「怒るな」とは、怒りはその人の判断力を狂わせるばかりか、人間関係を根本から破壊してしまうからである。怒りによって失うものは多いが、怒りによって得るものは少ない。しかし、「いじめ」のような卑劣な行為には、それこそ「怒り」を爆発させるべきであろう。大隈さんならきっとそうする。

「貪るな」とは、欲を張って不信をかうことになるからである。貪欲は知識に向けるべきであり、金銭に対して向けるべきではない。欲張りはいつの世でも品性下劣として嫌がられ、蔑《さげす》まれるだけである。

「愚痴をこぼすな」とは、言ってみても仕方のないことだからである。しかし、小人は、「愚痴」をこぼすふりをして、言い訳をしたり、自慢をしたりする。みっともないことである。品性の卑しさを自ら示すようなものである。

「世の中のために働け」とは、人の生き方の要諦はここにあるからである。世のため人のため、汗を流し、涙を流し、場合によっては血を流すという生き方こそが、人の生き方にとって重要であり、それでこそ品格の高い生き方といえる。大切なのは人は1人で生きているわけではないという自覚である。それは別の角度からすれば、公共精神の発現であるともいえる。

こうしてみると、大隈さんの「処世五訓」は、後藤新平の「自治三訣」と根本精神において実によく似ているが、一つだけ決定的な違いがある。それが「何事も楽観的に見よ」という一条である。まさしくオプチミストたる大隈さんの面目躍如たるものがある。だから大隈さんは七転八起爺と呼ばれる生き方ができたのであろう。

身の処し方として、ペシミストがすべて悪いというわけではない。それが慎重な行動に結びつくならば……。しかし、青少年はすべからくオプチミストでありたい。どこまでも自己の可能性を信じ、それに賭《か》けて……。ネバー・ギブアップ。

坪内逍遥の教育方針

いかなる国であっても、その「国のかたち」をどう設計するかは憲法の規定するところであるが、教育については、わが国では「教育基本法」を定めており、この法律は準憲法的性格をもつと解されている。

教育基本法第2条は、「教育の目標」として、「真理の探求」（一号）、「自主・自律の精神」（二号）、「公共精神」（三号）、「生命尊重・環境保全」（四号）、「愛国心・国際平和」（五号）などを謳っている。

周知のごとく、愛国心については国会でさんざん議論したあげく、「我が国と郷土を愛する態度を養うこと」という表現で結着をみた。

ところで、シェイクスピア全集の全訳者であり、日本演劇界の指導者であった坪内逍遥（１８５９—１９３５年）は、早稲田大学創設者の１人であり、優れた教育者でもあった。その坪内先生が明治の初期に執筆した小学校の「修身《しゅうしん》」の教科書で強調されたのが、

知識よりも感銘を
感銘よりも実践を

という教育方針だった。いうまでもなく、知識は活用するために必要なのであって、百科事典のような人間をつくるために学ぶのではない。また、生徒と教師の間に「こころの共鳴・共振」がなければ、知識は血の通った活《い》きた知識とはならない。

しかし、知識はそれが実践と結びつかないかぎり、本当の意味での知識でさえないであろう。若きころ、マルクスの『ドイツ・イデオロギー』に夢中になっていたぼくは、「哲学者は世界をいろいろ解釈してきた。しかし、大切なことは世界の解釈ではなく、世界をどう変えるかということだ」という彼のフィロソフィーに深く感動した。

坪内先生は、早稲田大学における教育の基本方針を次のようにまとめられている。

自《じ》持《じ》自《じ》信《しん》
自《じ》反《はん》自《じ》責《せき》
自《じ》活《かつ》自《じ》修《しゅう》

がそれである。自らを恃《たの》み（自助）、自らを信じ（自律）、自ら反省し（自制）、自ら責任をとり（自治）、自ら活動し（自主）、自ら学ぶ（自習）というわけである。「個の確立」を教育の根底にすえるところから、早稲田大学の学問は出発するといってよい。

早稲田大学の憲法ともいうべき「三大教旨《きょうし》」は、「学問の独立・学問の活用・模範国民の造就」であり、その大意は「学問の独創性・社会貢献・世界市民の育成」であって、もう一歩進めると、「謀叛（反骨）の精神・社会奉仕・国際人の育成」に努めることを大学の建学の精神として掲げたのである。

学問の独立とは一切の権威からの学問の解放であり、いわゆる「多数派」に抗する「少数派」は、ある意味の「叛逆者・謀叛人」を意味する。しかし、それが学問の進化を促すことになる。また、その反骨精神を担うためには個性豊かな人格の形成が必要であり、われわれが青少年の育成において「野性を鍛える」ことの必要性を重視するのは、坪内先生のフィロソフィーに共感するからである。

シートンのウッドクラフト

子どものころ『シートン動物記』を読んだ人は少なくない。『ファーブルの昆虫記』とともに、世界中で読まれている。ぼくも小学4年生の孫のために、『シートン動物記』（全8巻・別巻1、集英社）を買い与えた。もとより、孫をナチュラリストの1人に育てようという魂胆があってのことだ。

アーネスト・トンプソン・シートン（1860―1946年）は、幼くしてイギリスからカナダに移住し、晩年はアメリカのニューメキシコ州サンタフェの「シートン城」で暮らした。享年86であった。

動物画家として自立したシートンは、その後得意の自然観察力を発揮し、動物作家としてその名声を不動のものとしたことは周知のところである。しかし、彼がボーイスカウト運動にかかわりをもっていたことは、意外にわが国では知られていない。

40歳（１９００年）のとき、シートンはニューヨークの郊外に私設の動物保護区を設け、近所の少年たちを集めて、アメリカ先住民の生き方を学ぶ運動「ウッドクラフト・インディアンズ」を始めた。このウッドクラフト（森林生活法）は、この直後にボーイスカウト運動を開始するベーデン＝パウエルに大きな影響を与えた。

そして、50歳（１９１０年）のとき、彼はアメリカ・ボーイスカウト創立委員会の責任者になり、初代ボーイスカウト団長に選ばれた。もっとも、だからといってシートンは、アメリカのボーイスカウトを長期にわたって指導したわけではない。むしろ、関わりは非常に短い期間であった。しかも、ボーイスカウト運動の基礎はウッドクラフトであり、とりわけキャンピングであって、その意味では、シートンが創立した「ウッドクラフト・インディアンズ」と呼ぶ少年団は、ウッドクラフトのみを追求するものであり、現在の「グッド・シチズン」の養成を目指すスカウティングとは、理念においてかなり異なるものであった。

すなわち、スカウトたちを強く惹きつける最大の魅力は、アメリカ先住民のシンプルなキャンプ技術と、キャンプ・ファイアを囲む神秘的な儀式である。加えて、パトロール・システム（班制教育）はスカウト教育法の根幹である。シートンの目指した少年団は先住民の生活の知恵を学ぶことに主眼が置かれたウッドクラフト自体を学ぶ団体であり、ベーデン＝パウエルのグッド・シチズン教育とは大きなひらきがある。

では、シートンの考え方は誤っているのであろうか。理屈の上ではともかく、現在のアメリカのスカウト運動の隆盛を見るかぎり、必ずしもそうとは断定できない。

スカウトの人数がアメリカでは現在約600万人であるのに対して、日本では約14万人（2012年現在）。これは、アメリカ社会の方が日本よりもスカウトに対する社会的評価がはるかに高く、その背後には、シートンのウッドクラフト中心の考え方がスカウティングにいまなお根強い影響力を持ち続けているからではないか。個の独立にはサバイバル能力が欠かせないからである。（2013年、ボーイスカウトアメリカ連盟は「同性愛」を正式に認めたために分裂し、加盟員が一気に300万人に半減したという）。

トム・ソーヤーの冒険

子どものころの愛読書の１冊に『トム・ソーヤーの冒険』がある。最近、光文社古典新訳文庫の土屋京子訳を書店で見つけ、改めて読み返してみると、子どものころとは違った面白さもあり、しばしタイム・スリップを楽しんだ。

周知のごとく著者マーク・トウェインは、姉妹編として『ハックルベリー・フィンの冒険』も書いており、この２書は現代アメリカ文学の源流と評されているようである。しかし、ここでは文学史上の評価を云々するつもりも、その能力もない。ここでトム・ソーヤーに登場してもらったのは、彼の無邪気な（？）冒険物語に魅了されたぼくの子どものころのいたずらに対する郷愁である。子どもはいたずらをするものである。いたずらを悪いこととは心底からは思っていないのが子どもであろう。トムもそうだった。

ところが、マーク・トウェインのこれらの小説は、出版当初、アメリカ社会では青少年にとって好ましからざる本としてブラック・リストに掲載され、学校や家庭から追放されていたという。しかし、今日では、アメリカ文学の古典に数えられている。なぜであろうか。

もう20年近く以前のことだが、スティーヴン・キングの『スタンド・バイ・ミー』が映画化されてヒットし、その主題曲『スタンド・バイ・ミー』も大ヒットしたことを覚えている方は少なくないことであろう。

この本は、4人の12歳の少年が行方不明になった同い年の少年の死体を探しに1泊2日の短い旅に出かける話であり、モダンホラー作家のキングの半自伝的小説と評されている。12歳というのは、13歳からをティーンエイジャーと呼ぶアメリカ社会では、子どもが思春期の洗礼を受ける時期であり、その意味で、子どもがもっとも子どもらしい時期でもある。

ところがはたしてそうであろうか。最近の子どもは、妙にひねこびているばかりか、こざかしく、かわいげをなくしているように思われる。わが国の12歳はとても子どもらしい子どもとは思えない。そこには、子どもの「いたずら」と大目にみることのできない「悪意」がみられる。「いじめ」はそうした一面であろう。どうして、子どもはこんなにも「意地悪」になったのであろうか。

実は、『トム・ソーヤーの冒険』も作者マーク・トウェインの半自伝的小説だといわれている。ということは、トウェイン自身も、トム・ソーヤーのような「グッド・バッド・ボーイ」（本質的には善良である不良少年）であったということであり、そのような悪童を肯定的に見ている1人といってよい。だからこそ、トムもハックも人々から愛されるのであろう。「最高の人生とは、生涯、少年の心を保ち続けることにある」と信ずるぼくにとっては、トムやハックの冒険はただもううらやましいの一言に尽きる。たしかに時代は違う。しかし、トムやハックのいたずらの追体験は、いまの子どもにとっても難しいことではない。

ローマ人に学ぶ ①終わりの始まり

塩野七生さんの学識と筆力にはこれまでも十分驚かされてきたが、いま改めて彼女の代表作『ローマ人の物語』（全15巻、新潮社）を読み返しながら、さらにその驚きを深めている。

『終わりの始まり』（ローマ人の物語第11巻）は、ローマ帝国の終焉（「終わり」）の原因（「始まり」）を詳細に分析しているが、その最大のものは「ローマ帝国の軍事政権化のはじまり」である。塩野さんは、「皇帝としてのセプティミウス・セヴェルス（在位193―211年）に対する歴史家たちの評価は、非ローマ的な専制君主、であり、ローマ帝国の軍事政権化への舵を大きく切った統治者、なのであった」と述べている。

そして、塩野さんはこう嘆いている。「もしかしたら人類の歴史は、悪意とも言える冷徹さで実行した場合の成功例と、善意あふれる動機ではじめられたことの失敗例で、おおかた埋まっていると言ってよいのかもしれない」。なぜならば、軍事政権化への舵を切ったセヴェルスは、その任地である帝国の防衛線の軍国長あるいは総督として兵士とさんざん苦労を共にした経験から軍団兵の優遇策を打ち出したが、その善意が必ずしも良き結果につながらなかったからである。つまり、帝国の「終わり」を演出したが、それは皇帝セヴェルスにとっては善意から出たものであったという歴史の皮肉だったのである。

１０００年王国ローマが、その歴史の中で、軍団兵の優遇策を打ち出すことなど幾度となくありうると思われるが、それが国家運営の全体構造の中でどういう意味をもちうるか、相当厳密な検討を要するであろう。われわれ日本人も、ごく最近、それに近い体験を政権交代と国民年金問題の中で味わったばかりである。

ローマでは、なまじ軍団が関係しているばかりに、騒ぎが内戦化するとか、皇帝の地位が兵士の競争入札の対象化するとか、とんでもない方向へ向かい始め、収拾がつかなくなってきたのである。おそらく、歴史的な緊張が長く続きすぎると、一瞬の歴史的空白状況が生じることがあり、結果として思いがけない政治状況が生まれることがある、とでもいうほかない。それは、ローマ市民のように政治的に訓練されていた賢明な市民についても言いうることのようである。

つまり、私の言いたいことはこうである。ギリシャもローマも民主政の確立には失敗した。とりわけ、歴史の裂け目のような局面では、人間の剥き出しの醜さが正面からさらされることがあるが、1200年の歴史をもつローマ史を繙けば、しばしばそういう場面に出くわす。それらはわれわれの教師であったり、反面教師であったりするが、いずれも学ぶところは大きい。

それにしても、ローマ人はしぶとい（西ローマ帝国の滅亡までさえも、「終わりの始まり」から「終わり」まで徳川幕府の時代とほぼ同じ期間ローマ帝国は存続している）。ローマの「終わりの始まり」は「終わり」ではなく、まさしく「始まり」であったが、帝国の軍事政権化は、非ローマ的な政権であったがゆえに、以後、ローマらしい姿が世界史上に登場することはなかったのである。

ローマ人に学ぶ　②子弟教育

少子高齢化はわが国が直面する最大の問題の一つである。しかも、やっかいなことに対策が立てにくい問題ときている。といって、いたずらにこの事態を座視しているわけにはいかない。せめて、少子化した子どもの育成については万全を期したい。

ところが、これがまたきわめてやっかいきわまる問題なのだ。古代ギリシャの「スパルタ教育」はよく知られているが、現代でもそれが直ちに通用するわけでは決してない。とはいえ、スパルタ教育はいまでも教育の方法の一つのモデルとしての意義を失ってはいない。

では、ローマではどうであったか。ローマ人は子弟教育の拠り所を「父祖の遺風」

に求めたという（木村凌二『ローマ人に学ぶ』集英社新書）。大雄弁家・キケロは「ローマの国はいにしえの慣習と人によって立つ」と断じているとのことである。わが国における武士階級の教育の方法も、おそらく同じようなものであったと思われる。イギリスのパブリック・スクールの教育も、貴族階級の「ノーブレス・オブリージュ」という精神を継承するものであろう。

パクス・ロマーナ（ローマの平和）の時代が長く続いたローマにおいては、子弟教育は形の上では奴隷身分の家庭教師に任せられるのが一般ではあるが、ローマ人はけたはずれに古来の伝統（父祖の遺風あるいは先祖の名誉）に固執する気風があり、これがローマの教育の基準となったようである。それゆえ、ローマの歴史上の成功と失敗は、ローマ人の気質を形成する上で、しっかり学ばれ、しっかり受け継がれた教材であったといってよい。

ところが、現代の日本はどうであろう。教育の基本である「父祖の遺風」はほぼ全面否定。いまだに教育の基本軸は大ゆれにゆれているようなのである。ようやく近年、教育基本法の改正があり、なんとか「父祖の遺風」を採り入れる余地はありそうだが、どうもそのあたりがいまひとつはっきりしない。

たしかに、日本が過去に過ちをおかしたことは事実である。しかしだからといって、「父祖の遺風」のすべてを否定するのは間違いである。むしろ、その大部分は、いまなお輝きを失っていない「武士道精神」から流れてくるものなのだ。

「ローマ人は平穏なときよりも困難なときの方が信頼できる」（木村・前掲書）とされる強靭な精神にその特質が見られるというが、それはどこからくるのであろうか。そして、それが「父祖の遺風」からくる気風だとすると、われわれは子育てについて余程、考えておかねばならない。すなわち、学力がいかに高くとも、現実社会への適応力が弱い日本人の気質を放置しておくわけにはいかないからである。

子育てに自信を喪失した日本人に未来はあるか。いささかオーバーとは思われるが、このあたりで、子育てに真剣に取り組まないと取り返しがつかないことにはならないか。子育てで重要なことは、知力と体力、学力と気力をどうバランスをとって育てるかである。

ローマ人に学ぶ　③バイリンガル

日本でも近く小学校で英語教育を始めることになる。もう40年近い昔の話であるが、パリ大学の交換研究員として、ぼくは3年近くをフランスで過ごした。ある年の夏休みに、ぼくは家族とモン・ブランのイタリア側の谷、クールメイユールの渓谷にテントを張っていた。そこへ近くのイタリア人家族のテントから10歳くらいの女の子が英語の教科書を抱えて訪ねてきた。

彼女から英語を教えてと頼まれてぼくはうろたえたが、教科書の中身は日常会話にすぎなかったので、楽しい経験となった。そのころフランスでは学校教育に英語教育は取り入れられていなかったが、イタリアではすでに始まっていた（フランスで英語教育が始まったのは1980年代に入ってからである）。

当時、ヨーロッパのみならず、アジアの一部でも自国語と英語のバイリンガル教育が始まっていたのに、フランスと日本には、その気配はなかった。

ぼくの息子は、フランスで幼稚園を終え、小学校1年生の3学期に帰国したが、フランスではせっかくボン・ネレーヴ（優等生）となったのに、帰国すると数カ月でフランス語は彼の口からは出なくなった。帰国直後の彼が立川市の若葉町団地の4階のベランダから空に向かって、「Il y a quelqu'un qui parle français ?」（誰かフランス語を話す人はいませんか?）と叫んでいたのが、息子が可哀想でいまも忘れられない。

子どもは、現地の環境の中で育つと、日常会話はすぐバイリンガルになる。しかし、独仏伊の3カ国語を公用語とするスイス人でさえ、その環境にない地域の住民は、3カ国語どころか、2カ国ですら話せない。

では世界帝国を築いたローマ人はどうだったのであろうか。詩人・ホラティウスは、「ローマはギリシアを征服したが、文化ではギリシアに征服された」と言う。だから、ローマ人は、「地中海世界全域の覇者になった以後も、自分たちの言語を強制するよりも、これまでのように自分たちのほうがバイリンガルでありつづける道を選んだ」というのである（塩野七生《しおのななみ》『ローマ人への20の質問』文春新書）。そして、塩野七生さんは、ローマ人のギリシア文化尊重は、「彼等の劣等感の証拠というよりも、彼等の自信と余裕の証拠である」と断じている。

歴史に「もし」はないとはいえ、もし日本人が右のローマ人のひそみに倣ったとするならば、随分と事態は改善していたに違いない。戦後の高度成長期の絶頂ともいえる１９８０年代、日本は「経済大国」を謳歌していた。自信と余裕が日本全土にみなぎっていた。この時代に、日本はバイリンガル教育に踏み切るべきであったのだ。

もとより、バイリンガル教育は日本語（国語）教育に手を抜くことを意味しない。それどころか、国語教育にはますます力を入れ、日本人としてのアイデンティティに磨きをかけるべきである。大切なことは、日本人をいかにブリリアントな国民とし、未来世界で活躍できる開放的な人間に鍛え上げるかであろう。

ローマ人に学ぶ　④市民の行動規範

ランケは、「一切の古代史は、いはば一つの湖に注ぐ流れとなってローマ史の中に注ぎ、近代史の全体は、ローマ史の中から再び流れ出るといふことが出来る」（『世界史概観』岩波文庫）と述べている。

たしかに、ローマは世界を三度《みたび》征服した。軍隊によって、法律によって、そして、宗教（キリスト教）によって（イェーリング）。しかし、ホラティウスも言うように、「ローマはギリシアを征服したが、文化ではギリシアに征服された」のである。

はたせるかな、当時のホラティウスの見解（予言?）は、中世における「ギリシアに帰れ」というルネサンス運動によって実証されることになる。ローマの後世に残した影響は偉大なものがあるが、哲学や芸術などギリシアの残したものも決して少なくない。

しかし、ローマが後世に残した最大の贈り物の一つがローマ法であることについては異論はないであろう。法律家であるぼくなどは、いまだにローマ法の原理のすばらしさに驚異の念を抱きつづけている。

それはともかく、塩野七生氏は、古代の三大民族について、「人間の行為の正しさ」の基準を比較すると、ユダヤ人はそれを宗教に求め、ギリシア人は哲学に、ローマ人は法律にそれぞれ求めたと言っている（『ローマ人への20の質問』文春新書）。ローマ人にとっては、法律は日所生活において現在よりはるかに身近かな存在であったようである。宗教や哲学に縁《えん》なき衆生《しゆじよう》が少なくない人間社会を考えてみれば、正しさの判断基準は法律のほうがはるかに明快であることは間違いない。

そこで、ローマ法の基本的な法原理は、次第に後世の人々に大きな影響を及ぼしていくことになる。そして、いまや「法を知らない不幸」とか「法を知らねばならない不幸」とか言われるほどの法万能の近代社会を創り出した。

もとより、行動基準として法律がいかに明快であるとはいえ、一国の法律はその全国民にとって正しい規範を示すものとはかぎらない。ベンサムのいう「最大多数の最大幸福」という立法方針は、最初から少数の幸福が切り捨てられている。

しかし、社会科学における正しさの基準は、端的に言えば、「数」に還元されざるをえない。所詮《しょせん》、民主主義の多数決とはそんなものだと言ってしまえば、実もふたもないが、それが実相でもある。

それゆえ、法治国家においては、国民は、法律に従って行動することを求められる。その結果、法律を知らなければ不利な立場に立つことがある。つまり、それが法を知らない「不幸」であり、そうならないためには、法を知らねばならない「不幸」を近代人は原罪のごとく負うことになる。

もっとも、ローマ人にとっても、法律が現在よりはるかに身近な存在であったかどうかは多少、疑問がないわけではない。ましてや、社会が近代化するにつれて法律も複雑になり、それを守ろうとする遵法精神ないしは規範意識は希薄化する傾向が強まる。それをどう食い止めるか。教育のあり方がいま問われている。

「家郷《かきょう》の訓《おしえ》」が生きていたころ

ぼくの子供のころは、終戦の前後である。昭和21年に国民学校1年生となったが、2学期には小学校1年生となり、戦後民主主義教育の第1号となった。

四国山地の四万十川《しまんとがわ》の源流に近い山村の生まれであったため、民俗学者・宮本常一《みやもとつねいち》『家郷の訓《おしえ》』（岩波文庫）に描かれた世界は、ぼくのふるさととそれほど違っていないと感じた。執筆された時期の昭和18年は、ぼくが満4歳のときであるから、かなり記憶もしっかりしていた。

そのころのぼくの記憶といえば、夜空を埋め尽くして飛ぶB29の大編隊の爆音とか、悪さをして祖父に蔵の中に閉じ込められたときの闇の怖さとか、あるいは、樹《き》の上から落ちて全身打撲で1週間寝こんだり、1人で泳いでいておぼれそうになったりしたことなど、あまりいい記憶はない。父も母も忙しく、ぼくにかまってくれる余裕などなかったので、就学前のぼくはもっぱら祖父にいろいろ教わっていたような気がする。

そのころ、ぼくの仕事は、近所のガキたちとの遊び以外は、昼間はウサギ、ニワトリ、アヒルの世話であり、夜は祖父の肩たたきと、腰の足踏みとであった。これは小学校へ入ると2時間につき10円もらえたので、これで為替を組んで出版社に年に2冊くらい本を注文した。子どものころの最大の喜びであった。

祖父から教わったものは、西南戦争と日清・日露戦争とに関する話と軍歌とであった。私がいまでも戦史と軍歌に詳しいのは祖父からの口伝《くでん》が身体にしみこんでいるからである。

就学後は、家事の手伝いがそれなりに大変だったが、当時の山村の暮らしの中でのぼくの仕事など近所の子どもたちにくらべれば楽なものだった。とりわけ、子沢山《こだくさん》の田舎では、「子守り」という重労働があったが、ぼくは長男ということもあって、幸いにもそれを免れた。

アヒルは朝夕の川への送り迎えだけでよかったが、ニワトリとウサギに餌をやる仕事は、それなりに苦労があった。ニワトリによい卵を産ませるには、ドジョウやタニシを大量に採ってきて、ドジョウはサイの目に刻み、タニシは金槌でその殻ごとつぶして与え、ウサギのためには、ハドとかチチクサなどウサギの喜ぶ餌草を一生懸命集めた。

さぼれば、オヤジの痛いゲンコツが待っていたが、それよりも彼等《かれら》を気づかう者はぼくしかいない。ぼくが手を抜けば彼等が飢えることを思えば、少々の苦労は苦にならなかった。しかし、こうして育てたウサギがある日の食卓に料理されて出てきたときは、可愛がっていただけに、実に複雑な思いにとりつかれたものである（もちろん、貴重なタンパク源である以上、涙がこぼれても食べないわけにはいかなかったが……）。

田舎の暮らしは、不便なことが少なくないが、反面、自然を楽しみ、近所の人たちとの交流とにより、深みのある人生を送ることができる。ぼくでさえも、田舎の暮らしの中で、いくらか辛抱強くなり、いくらか思いやりの心が深くなった。つまり、

「辛抱（心棒）と思いやり（重い槍）」という人生を守る知恵という武器を身につけることができたのである。

「大切なものは目には見えない」

ぼくが早稲田大学総長に就任した１９９４年11月のことである。当時、早稲田大学の社会的評価はドン底にあり、校友でさえ自嘲をこめて平気で「早稲田砂漠」などと口にする始末であった。

そのころ、ぼくは在学生との座談会の席上で新入生である女子学生の発言に、わが意を得たとばかりたいへん感激したことがあった。その発言は次のような内容であった。

「私は入学してすぐ『早稲田砂漠』という言葉を何度も聞かされました。しかし、愛読書であるサン＝テグジュペリの『星の王子さま』の中に、王子さまが『砂漠が美しいのは、どこかに井戸を隠しているからだよ』（Ce qui embellit le désert, c'est qu'il cache un puits quelque part.）と言っている一節があります。早稲田砂漠にもきっと隠された井戸があるはずです。私はそれを探します」と。

そのとおり。一見「不毛の地」であるかのような砂漠は、地下に大小さまざまな水脈を蔵し、砂丘の陰にはオアシスが隠れており、ことによると石油でも湧出すれば、実は「豊饒の海」なのかもしれない。物事は表面《うわべ》だけ見ても本当のところはわからないのだ。ぼくは、そのとき新入生にこんな学生がいるかぎり、早稲田の再生は可能だと勇気づけられる思いがした。

『星の王子さま』（野崎歓《のざきかん》訳『小さな王子』光文社文庫による）の大筋は、飛行機の故障でサハラ砂漠に不時着した操縦士の「ぼく」と、せいぜい「一軒の家くらいの大きさしかない星」から落っこちて地球にやってきた「王子さま」との10日足らずの砂漠の旅の物語である。王子さまが地球で2番目に会ったのはキツネだった。

王子さまは「いっしょに遊ぼうよ」とキツネをさそうが、キツネは「まだなつかせてもらっていないから」と拒否する。しかし、やがてなつかせられたキツネは、「なつかせる」とは「絆をつくる」ということであり、自分がなつかせた相手に対してはいつまでも責任があると王子さまに教える。そして、別れのときがくるとキツネは王子さまに自分の秘密を教える。「心で見なくちゃ、ものはよく見えない。大切なものは、目には見えないんだよ」（On ne voit bien qu'avec le coeur. L'essentiel est invisible pour les yeux.）と。

「大切なものは、目には見えない」。この短いキツネの言葉に、どれほど深い叡知が宿っていることか。本当に大切なものは、目には見えない「絆」というものができてこそ初めてよく見えてくるものなのだ。

さて、のどが渇いている王子さまと「ぼく」は、井戸をさがしに出かける。くたびれて砂漠にしゃがみこんだ王子さまは、「星があんなにきれいなのは、見えない花が一輪咲いているからだよ」とか「砂漠が美しいのは、どこかに井戸を隠しているからなのさ」とかと、その美しさは、目には見えないものが隠されているからだと言う。

いまの世の中は、あまりに目に見えるものばかりを要求しすぎる。しかし、本当に大切なのは、未来を担うたのもしい青少年の育成という目には見えない努力ではないか。

ファーブルの「虫の眼」

ぼくはパリ大学交換研究員として3年近くパリに住んでいたが、そこはメトロ「パストゥール駅」の近くであった。パストゥールとは、「近代細菌学の祖」と呼ばれる人である。ぼくはこれもなにかの縁であろうと、パストゥールに関する書物を数冊入手し、漫然と読んでいたところ、すばらしい彼の言葉に出会った。

それは、「1本のブドウ酒の中には、すべての書物の中よりも多くの知恵がつまっている」（Il y a plus de philosophie dans une bouteille de vin que tous les livres.）というものである。パストゥールは酒石《しゅせき》の研究から出発して、晩年再び酒石の研究に戻った。そして彼は悟った。１本のブドウ酒の中にいかに研究の対象となる未知なる世界が内蔵されているかを。青い鳥はごく身近にいたのである。最近話題のＳＴＡＰ《スタップ》細胞の開発も、発想を転換した結果、『柳の下の二匹目の泥鰌《どじょう》』の発見へたどりついたのではないか。

ぼくはかねてから「鳥の目」（バーズ・アイ）と「虫の眼」（ワームス・アイ）の必要を考えていた。もとより、近代科学はこの二つの眼を備えている。『シートンの動物記』と『ファーブル昆虫記』がそれに当たるなどと言うつもりはないが、ファーブル（１８２３―１９１５年）はまぎれもなく「虫の眼」を備えた人であった。

彼は苦労しながら、次々と難関の教師の資格試験に合格し、好きな昆虫の観察に打ち込み、論文を発表した。その集大成が10巻に及ぶ『昆虫記』である。彼は文献にたよらず、実際に地を這《は》うような観察を根気よく続け、虫の世界から生命の神秘を明らかにした。まさしく「神は細部に宿る」という格言を実感させる研究である。

だれでも子どもの頃には、ファーブルの『昆虫記』を読んだり、教科書で習ったりしてタマコロガシ、セミ、ハチ、クモ、あおむしなどの生態を学ぶ。しかし、自分でそれらの生態を観察しようとする子どもは、いまでは決して多くはない。否《いな》、むしろほとんどいないといってよい。

四万十川《しまんとがわ》の源流に近い村で育ったぼくなどは、夏休みには昆虫観察にかなりの時間を費やした。それだけではない。中学・高校時代のぼくはボーイスカウト活動に熱中していたので、観察ゲームによってもかなり鍛えられた。だからというわけではないが、名探偵シャーロック・ホームズの観察眼はその典型例であろう。

バーズ・アイは、学校教育によって人類5000年の歴史を追体験《ついたいけん》する結果、かなり養われる。しかし、ワームス・アイは、学校教育でどれだけ養われるか疑問が多い。机上《きじょう》の知識がどんなに豊富でも、それだけでは動植物を含めた自然観察の眼が養われるとは思えないからである。

自然体験活動の重要性は学校教育においてももっと重視されてよいのではないか。

今西錦司《いまにしきんじ》の「鳥の眼」

ボーイスカウトの精神は、社会公共のために尽くすという目線の高い「志」と、それを実践するという目線の低い日常的な「行動力」とから生まれる。そのためには、常日頃、「鳥の眼」と「虫の眼」を養うように努めなければならない。

科学の世界では、「虫の眼」ばかりが尊《とうと》ばれているようであるが、現代では「サステナブル・ディベロップメント（持続可能な成長）」がすべての分野で要請され、科学は地球・人類の未来のために奉仕すべきことが共通認識となっている。つまり、「鳥の眼」が不可欠となっているのである。

ところで、話は飛躍するようだが、ぼくの趣味は山登りである。そのためにいつしか登山家としても高名な今西錦司博士の著作を手にするようになり、今西博士の学問の一端を知ることとなった。否《いな》、正直言えばその学問の壮大さに夢中になった。

周知のこととは思うが、この偉大な生物学者は、小学生のころから昆虫採集に熱中し、京都の自宅近くの加茂川《かもがわ》で採集したカゲロウの幼虫の分布から、あの有名な「棲《す》み分けの理論」を生み出したのである。この理論は、それまで世界の定説ともいうべきダーウィンの進化論に対する重大なアンチテーゼとなったのである。

いささか乱暴ではあるがそれを要約すると、以下のごとくである。ダーウィンの進化論における自然淘汰説は、環境に淘汰されていわゆる弱肉強食・優勝劣敗の結果、強者・優者しか生き残らないとするものであるが、今西博士は、「進化は必然の自由によってもたらされたものではなくて、偶然の不自由に由来するものである」(『生物の世界ほか』中公クラシックス)とされた。つまり、ダーウィンの必然説に対して、正反対の偶然説を唱えられたのである。

生物は、弱肉強食・優勝劣敗の法則により強者や優者しか生き残らないのではなく、弱者や敗者も「棲み分け」ることによって生き残ってきているのではないか。自然界を「虫の眼」で観察し続けてきた今西博士は、ダーウィンに対抗する大理論を樹立されたのである。このように、「虫の眼」による観察から、棲み分けの理論という「鳥の眼」による大理論が生まれたことに、若き日のぼくはすっかり魅了されたのであった。

もとより、一法律家でしかないぼくに進化論についてどうこうという発言権はない。しかし、カゲロウの幼虫の観察から出発して「棲み分けの理論」にたどり着く今西博士の思考力に脱帽する者はぼく一人ではあるまい。しかも、この今西理論は人間社会を含めたすべての生物の世界に応用が可能である。その意味では、今西理論こそ理論の名に値《あたい》する大理論というべきである。

今西博士は、登山のほかヒマラヤからアフリカまで、学術探検隊を率いたり、ニホンザル、ゴリラ、チンパンジーなどの調査研究を主導したりして、その行動力には驚嘆すべきものがあるが、それは今西博士が「鳥の眼」をもつ学界の偉大な指導者中の指導者となるべき実績に加え、人間的魅力に満ちた野生児だったからであろう。

第4章

リーダーシップを考える

いま求められる日本の指導者とは

平成24年12月26日、わが国では3年3カ月ぶりに自民党が復権し、安倍（晋三）内閣が発足した。民主党政権がかくも短命に終わり、自民党政権が「津波」のごとく日本列島を再制覇するなどと3年前に誰が予測していたであろう。

政権交代の原因などあれこれ究明してみても、いまさらの感が深い。この民主党のあまりのダッチロールぶりは、単なる失政というよりも、むしろ統治能力の欠如というべきではあるまいか。端的にいえば、指導者不在である。もとより、民主党にも指導者の資質をもつ政治家がいないわけではない。その一人である野田佳彦氏が首相に就いたが、時すでに遅く、解散を避けることはできなかったというわけである。

では指導者とはどのような人間像を指すのであろうか。山本七平《やまもとしちへい》氏によれば、指導者には二つのことが要請されているという。第一は、組織の目的の正確な把握と、それに基づく具体的な「当面の目標」の設定であり、第二は、その「当面の目標」に対応しうる組織の構成と運営であるという。すなわち、「当面の目標」が「組織の目標」であるのがいわば西欧的指導者のあり方であるのに対して、「当面の目標」を「人の和」とするのが日本の伝統的指導者であるという、いわゆる世話人型指導者がこれである。

これを戦後の日本の政治家に当てはめてみると、世話人型指導者の典型例が佐藤栄作《さとうえいさく》や三木武夫《みきたけお》であり、本来的指導者の例としては池田勇人《いけだはやと》くらいなものだという（山本七平『指導者の条件』（文藝春秋））。なぜならば、池田勇人は、「所得倍増」という明確な目標に向かって首相を目指したが、他のほとんどの政治家は「人の和」を求めて首相となったにすぎないからである。世話人型指導者は、達成すべき目標のあるなしにかかわらず、「指導者になる（…）」のであり、本来型指導者は、「当面の目標を達成する」ために指導者を目指すのである。

こうしてみると、わが国では長い間世話人型指導者による統治が続いていたことがわかる。もっとも、世話人型指導者にも一長一短があり、必ずしもすべてが悪いということではない。しかし、現代の激変する社会にあっては、「複雑系を管理し、変革をリードする」指導者が不可欠である。たしかに、アジア的停滞においては、世話人型指導者にも存在価値はあった。しかし、IT社会に突入した現代においては、調整型・世話人型の指導者だけでは対応不能といわねばならない。

とりわけ、伝統的加工貿易が行きづまり、東日本大震災で精神的に打ちのめされた日本が再生するためには、もはや従来の社会構造を前提とした再建・再生はありえないと考えるべきではないか。そうだとすれば、政治的指導者も、これまでの世話人型から創造型・変革型へと変わっていく必要があろう。自民党系の指導者がこの3年間でどれだけ勉強したか、その成果を期待したい。

リーダーシップとは何か ①養成

日本経済の「失われた20年」は「リーダー不在の20年」でもあった。政治においてリーダー不在が国家（あるいは社会）にとっていかに不幸なことであるか、改めて論ずるまでもない。また、このことはいかなる組織にとっても共通する問題であろう。

では、リーダーシップとはどのようなものであろうか。わかりやすい現代に限れば、そのイメージは、ヒトラーやスターリン、あるいは、チャーチルやド・ゴールなどになるが、ここで考えたいリーダーシップとは、当然、後者の方向のそれであることは言うまでもない。チャーチルやド・ゴールのリーダーシップに、イギリスやフランスの国民が鼓舞され、奮起させられたことは歴史的事実であり、このようなリーダーシップの特性はインスピレーション性と呼ばれるようである。

しかし、インスピレーション（ひらめき）によるリーダーシップに期待しようとすれば、場合によってはヒトラーやスターリンの出現さえもありうる。つまり、これらのリーダーの能力（？）は生来的《せいらい》な天分《てんぶん》であるから、リーダーとしては当たりはずれが大きく、教育的観点から論ずる価値は少ない。

そこで、リーダー養成のために、リーダーシップとは何かが問われなければならない。それが人間の天分だけだということになれば、「リーダー養成」ではなく、「リーダー選択」ということになりかねないであろう。しかし、リーダーとは、フォロワー（追随者）の服従・信頼・尊敬・協力を得るために生来的な天分または修養によるアート（技術）をもつ者の双方をいうのである。

もとより、実社会のリーダーシップは、職務・地位の任命にもとづくものが圧倒的に多いが、ここでは、市民社会内部で自ずと生まれるリーダーシップについて考えてみたい。そうすると、まず考え方の出発点は、社会における自己のポジションのしっかりした認識ではないかと考えられる。これは「グッド・シチズン」となるための前提条件でもある。

社会の中で、自分の能力と社会的ポジションをしっかり認識していれば、自分は社会のためになにができ、それを社会が期待しているかどうかがわかり、自分の果たすべき役割が見えてくる。そのポジショニングのあり方が、他の人々からの信頼・尊敬・協力などを得ることのできるリーダーシップを生み出してくるのではないか。端的にいえば、社会におけるポジショニングが適切であるためのアートをいかに身につけさせるかが、リーダー養成のポイントであり、教育的観点からする最重要課題である。

たしかに、世間で、リーダーは養成できるものではなく、生まれるものだといわれることには強い説得力がある。がしかし、それは養成の必要性を否定するものではなく、その困難性を指摘しているのではないか。いつの世でもリーダーの必要性は変わらないが、とりわけ現今《げんこん》の日本では強力なリーダーの出現が期待されているといってよい。では、どうすればよいか。イギリスのパブリック・スクールの在り方とかボーイスカウトの目指すものとかは、その一つの方向を明示しているように思われる。

リーダーシップとは何か ②情熱

リーダーシップとは何かは政治家と学者とを対比するとわかりやすい。すなわち、学者は迷い、決断し、また迷うが、政治家は決断し、迷い、また決断する。つまり、リーダーは決断しなければならないが、その決断に迷わず追随するフォロワーが多ければ多いほど、そのリーダーシップは強力であるということになる。

では、フォロワーは、どうしてリーダーの決断の妥当性を信頼するのであろうか。それは端的に言えば、そのリーダーが好きだからである。好かれる理由は、その者の話術に説得力があるとか、よき聞き手であるとか。あるいはまた、人間的親しみを感じるとか、他と比較をすると欠点が少ないと思えるとか、さまざまであろう。

いずれにしても、リーダーシップを獲得する方法にこれだと認められる決定的なものを見出すことは難しい。それは、リーダーとはしっかりした世界観や理想にもとづいて未来をつくる千変万化《せんぺんばんか》の現場で指揮官を務めなければならないからである。学者のように、迷ってのみいることは許されない。しかも、その時その時の状況判断を誤れば、重い責任を負わねばならない立場でもある。

それでは、多くの人々の共感を得てリーダーとなるために、リーダーに必要なものは何であろうか。すなわち、多くの人々の服従・信頼・尊敬・協力等を得るためにリーダーたるべき者がもつべき重要な資質とは、おそらく高い「使命観」と持続する

「情熱」ではないかと思う。それが人々を一定の方向へ団結させたり、その士気を高めるリーダーの資質というものである。

ここで、「リーダー」を「政治家」に置き換えて検討してみよう。政治家は、どのような国家や社会を実現すべきかにつき明確な世界観をもち、その世界観の実現のための持続する情熱を持っているはずである。その理想実現のための運動に共感・共鳴する同志の数を増すことに全力を尽くすが、そこで発揮する影響力が大きい政治家こそリーダーらしいリーダーというべきである。

もとより、政治家がすべてリーダーというわけではない。同じ政治家であっても、あまりにもパワー不足で、最近では、ステーツマンというよりもポリティシャンというべき方々があまりに多いのではないか。とりわけ、現今の国会議員にすらそういう方々が少なくないようにも思われる。経済の「失われた20年」は、まさに「政治不在」「リーダー不在」の20年でもあった。

しかし、このような事態は政治家の責任というより選挙民の責任と断ずることも十分可能ではあるが、やはり、この間の政治不在は「リーダー不在」が原因と考えるべきではないか。そもそも、選挙民（＝国民）の心をつかむことに失敗したのは政治家である。選挙民の心をつかんでこそ政治家であり、政治的リーダーシップの発揮というものである。

政治家としての高い使命観とそれを支える持続的な情熱をもつリーダーの出現が待たれる。

リーダーシップとは何か ③人格

リーダーとはどういう人間をいうかを問うと、フォロワーから服従・信頼・尊敬・協力等を得る能力または資質をもつ人間である。そして、その能力または資質とは何かといえば、高い使命感と持続する情熱を要素とするということができると思われる。

では、リーダーとなるためには、どのような教育が必要であろうか。軍隊はもとより、公務員や会社員の多くの場合、リーダーはその地位、その位階《いかい》への任命によって決まる。任命とか位階制によらないリーダーは、その人の能力または資質によることになるが、ではその能力または資質はどのような教育によって獲得することができるのであろうか。

現代は、角度を変えて言えば、「リーダー受難の時代」とさえ言うことができるように、笑われてバカにされることに耐えないかぎり、リーダーとなることが難しい世の中である。とりわけ政治家はそうである。それでも松下政経塾では志の高いリーダーとしての政治家の養成に努めているのであろうが、はたして結果はどうであろうか。

19世紀末に、七つの海を支配し、日の没することのない世界帝国を築き上げたのは、イギリスのエリートたちであり、その生みの親は「英国特有の奇妙な組織、つまりパブリックスクール」であったという（ジャン・モリス『帝国の落日』講談社、上巻26頁）。

これらのエリートたちこそリーダーと呼ぶにふさわしい者たちで、これを教育した学校の目的は、「規律を重んじ、タフで愚痴をこぼさず、控え目でチームプレーに長け、命令することに慣れた男を育てること」（同27頁）であり、かかる教育を受けた者にとっては「奉仕こそ至上の理念」であるという（同66頁）。

全寮制でスパルタ式教育が有名なパブリックスクールは、同時に、スポーツ学校といってよいほど、春はクリケット、秋はラグビー、冬はホッケーというように団体競技を中心としたスポーツによる心身の鍛錬を重視する。そして、こうした校内の生徒間の厳格な規律の中心を担ったのが「プリーフェクト」制度であった。「プリーフェクトとは、最高学級に属し人格・成績・衆望のいずれも他の模範となり、そして何かの種目の運動競技の正選手をしているものの中から、校長によって選ばれ、校内の自治を委ねられた数名の学生である」という（池田《いけだ》潔《きよし》『自由と規律』岩波新書103頁）。つまり、パブリック・スクールとは、わが国の学校制度のもとでは評価の対象とならない「人格・衆望」が高い評価を受けるシステムが組みこまれた教育制度であることに注目すべきである。

だからこそ、学生間の小さな紛争は、教師の裁断に持ち込まないで、プリーフェクトによる仲間の調停で解決される。「そもそもこの制度は学生間の『弱いもの虐《いじ》め』の風を防止することを目的にしたものといわれ」（同104頁）、そのため、パブリックスクールでは「イジメ」の悪風はほとんどみられないという。「イジメ」問題が社会問題化している昨今の日本では、もっと括目されてよいのではないか。

ボーイスカウトは、実はこのパブリックスクールの寮制度にその発想の基礎をもつ。成績のみならず人格・衆望においても他の生徒の規範となる。プリーフェクトこそ、真のリーダーというべきだからである。

リーダーシップとは何か ④不屈

これまで何度か「リーダーシップ」について検討してきたが、いずれも抽象論であり、具体的な「リーダー像」についてはクリアーなイメージが欠けていた。そこで、ここでは20世紀最大のリーダーと目される「チャーチル」を取り上げ、真のリーダーシップを身につけた具体的人間像について若干の考察を試みる。

最近出版された『チャーチル―不屈のリーダーシップ』（2013年、日経BP社）で、著者のポール・ジョンソンは、「自由と民主主義、そして欧米社会が大切にする価値観を守る点で、チャーチルほど功績のある人はいない。浮き沈みの激しい人生、堂々たる演説、力強い文章と発言、ほとばしる感情、魅力溢れる機知で、チャーチルほどわたしたちを楽しませてくれる人はいない」と言っている。

ウィンストン・チャーチル（1874―1965年）の人物像は右のジョンソンの文章にほぼ尽くされている。すなわち、第1に、彼は自由と民主主義を守るという高い目標（理想）を掲げ、国民に勇気を与えた。だから、国民は彼を支持したのである。

第2に、彼は後にノーベル文学賞を受賞（53年）するほどの堂々たる演説と力強い文章で国民を魅了した。だから、国民はあの大戦下でも希望をもつことができたのである。そして第3に、彼のほとばしる情熱と魅力あふれるユーモアは国民を楽しませ、信頼感を強めた。

加えて、第4に、チャーチルは、寛容と和解を愛する人であった。「憎しみほどエネルギーを浪費するものはない。悪意は判断を狂わせる」ものだからである。彼は人として卑しい行為に時間や労力を無駄にすることがなかった。

さらに、第5として、当然のことながら、チャーチルは「勤勉」であった。彼は独学で自国の歴史を学び、大量の文学作品に親しんだ。とりわけ、インドでの軍隊勤務の際、彼が昼間の長い休憩時間をトマス・マコーリーの『イングランド史』やギボンの『ローマ帝国衰亡史』などをむさぼり読んだことはよく知られている。

しかし、右の5点は、リーダーたるべき者の必要条件ではあるが、決して十分条件ではない。チャーチルが20世紀最大のリーダーと言われるのは、彼が「ボーイスカウト的単純さ」（河合秀和《かわいひでかず》『チャーチル』（中公新書）155頁）をもって行動したためである。つまり、彼は「不屈」の人であった。

周知のごとく、チャーチルはパブリックスクール（ハロー校）の劣等生であり、サンドハーストの陸軍士官学校の受験も3度目でやっと合格するという体たらくであった。国会議員としての彼は出世欲に燃える反面、世のため人のために働くという強い使命感をもっている「矛盾の塊《かたまり》」でもあった。

しかし、彼は失敗・病気・不人気・批判などに遭っても、打ちのめされることはなかった。ボーイスカウト的な国家・社会のためという明快な使命感をもち続け、最後まで節《ふし》を曲げなかった「不屈の精神」を身につけた漢《おとこ》であったばかりか、絵を描いたり、庭をつくったり、人生を大いに楽しんだ。真のリーダーとはそういう大らかな人間ではないか。

第5章

未来のための希望をつくる

「亜洲梁山泊《あじありょうざんぱく》」の旗上げ

痩我慢を張る漢《おとこ》たちを育てる野心的な試みの一つとして、２０１２年４月に旗揚げした「亜洲梁山泊」がある。日本の再建・復興とアジアの繁栄と未来に貢献したいという志をもつ若手社長（候補者も含む）の勉強会がそれである。以下、この社長塾「亜洲梁山泊」を、その設立趣意書の全文を掲げ、天下に紹介してみたい。

「かつて中国の北宋末期、世直しへの強い志を胸に梁山泊に結集した『義に生きる』豪傑たちがいた（北方謙三『水滸伝』を見よ）。わが国でも、明治初年の大隈重信邸は『築地梁山泊』の名で知られ、新しい日本の建設を夢見る強者《つわもの》どもが参集したという。われわれもまた、若き経営者により日本を含むアジアの未来を考える社長塾『亜洲梁山泊』を創設しようと思う。『義』に生きる心意気をもつ同志のインキュベーターとして。

周知のごとく、孟子は、『仁は人の心なり、義は人の路《みち》なり』と説く。『仁』は王者の徳であり、『惻隠の心』であるが、『義』とは、新渡戸稲造《にとべいなぞう》によれば、『人が喪《うしな》われたる楽園を回復するために歩むべき直《なお》くかつ狭き路』である（新渡戸『武士道』を見よ）。われわれは、現今の政治と経済の迷走、社会の混迷により喪われた『楽園』の回復を夢見る『義に生きる同志』の籠《こも》る梁山泊の再興を目指すものである。

われわれ義に生きる同志は、現代のカオスの中で、日本のみならずアジアの義を求める同志を糾合し、あえて、『直くかつ狭き路』に挑戦して、『楽園』建設の路を切り開く試みに身を投ずることを決意した。もとより、ドン・キホーテのそしりは覚悟の上である。しかし、スティーブ・ジョブズのすすめる『ステイ・フーリッシュ』に徹するところから、新しいアジアの未来を展望する砦を構築しようと思う。

来たれ、若き経営者（サムライ）たち！　新しき現代の神話『平成の水滸伝』を共に綴《つづ》ろうではないか。」

酒の勢いで一気に書き上げたものなので、まことに稚拙な文章ではあるが、心意気

左から山本一郎、久米邦貞、筆者、日枝久の各氏（15NJ・2010年８月朝霧高原）

だけは伝わるのではないか。

塾長は当面ぼくが務めるが、精神的指導者としては、北方謙三氏（作家）と日枝《ひえだ》久《ひさし》氏（フジ・メディア・ホールディングス会長）にお願いしている。梁山泊を目指す以上、まず１０８人の同志の糾合が先決であるが、それはさして困難ではない。満を持して待機している義に飢えた豪傑は五万といる。

とはいえ、梁山泊であるから、議論百出、百鬼夜行、どのような展開になるかはまるで見当もつかない。しかし、そうであればそれでよい。義に生きる平成のサムライたちは、あえて「困難な状況の下で正しき道」を歩むことを覚悟しているはずだからである。「直く狭き道」とは「義《ただ》しき道」を意味しているのだ。ただ、ぼく自身、塾長として何をなすべきか、いまだに五里霧中にある。

「勝《か》って兜《かぶと》の緒《お》を締《し》めよ」

司馬遼太郎の『坂の上の雲』は、坂の上に浮かんだ一朶《いちだ》の白雲に向かってひたすら黙々と登ってゆく若者たちの青春群像を描いた長篇である。

周知のごとく、その主題である日露戦争は、結果的に日本の勝利に終わった。ナポレオンやヒトラーのロシア侵攻の場合のごとき長期戦を避け、時の氏神《うじがみ》アメリカの仲介による講和に持ち込むことができたからである。そのことは、当時の軍の首脳部は十分認識していた。ド・ゴール（元フランス大統領）の言葉を借りれば、日本は個々の「戦闘（バタイユ）」には勝ったが、「戦争（ゲール）」に勝利したとは決して言い切れないのが実態であった。

ところが、この日露戦争の結果は、日本国民を舞い上がらせ、とりわけ、中国や朝鮮を蔑視する風潮を醸成した。これまた周知のごとく、この勝利以後、古代から明治にいたるまで持っていた中国や朝鮮に対する尊敬あるいは敬愛の念を失ったのである。痛恨の極みと言わねばならない。

日本海海戦の勝利の後に、秋山真之《あきやまさねゆき》は、有名な「聯合艦隊解散之辞《かいさんのじ》」を起草し、「古人曰《こじんいわ》く、勝って兜の緒を締めよ」という一句をもって締めくくった。これを読んで感動したアメリカの大統領セオドア・ルーズベルトは、その全文を翻訳させ全軍に配付したという。この「勝って兜の緒を締めよ」との格言は戦国武将のモットーであった。だからこそ、武田信玄は、「九分の勝ちをもって下とす。七分の勝ちをもって中とす。五分の勝ちをもって上とす」と言ったという。五分の勝ちであれば、損失も少なく、敵に怨みを残さず、味方も油断しない。戦争はたとえ辛勝《しんしょう》であっても勝てばよいのである。

明治の若者には、「坂の上」の「白雲」に向かって黙々と登っていく者が少なくなかった。ところが、それ以後の日本の若者はどうであったか。残念ながら、「坂の上」へ登るどころか、「坂の下」にうずまく得体の知れない「黒雲」の中へ転げ落ちてゆく若者が相次いだ（ように思われる）。どうしてこんなことになったのであろうか。

確かに、日露戦争が日本にとって薄氷を踏む勝利であったことを大々的に宣伝することは難しい。しかしながら、「百発百中の砲一門は、百発一中の砲百門に匹敵する」などという精神主義的（むしろ神がかり的）な教育を避けるぐらいの知恵は働かせることができたのではないか。

第二次世界大戦における敗戦により、日本は十分すぎるほど「軍事大国」への道を反省したはずであった。ところが、日本は後にまったく同じ過ちをくりかえす。それが高度成長経済の結果としての「経済大国」への道である。結果はデフォルト国家の一歩手前まで転落した。これもまた、「勝って兜の緒を締めよ」の戒《いめし》めを忘れたがためである。

だから、お説教しようというのではない（ぼくなんぞにできるわけもない）。だから、青少年の教育の大切さを強調したいのである。どんな時代でもどんな状況のもとでも、決して希望を失わない、志の高い不屈の青少年を育成することは、未来の国家のインフラであり、未来社会のセーフティガードである。

富士山クラブの目指すもの

富士山が世界文化遺産に登録される日が近づいてきている（2012年8月27日当時）。もっとも、ぼくが理事長を務めている「特定非営利活動法人富士山クラブ」はそのために活動しているわけではない。霊峰《れいほう》富士が日本の象徴である以上、14年前にゴミだらけのままで放置しておくわけにはいかないとして立ち上がったのが、わがクラブである。

「ゴミ拾い」という「小事が大事」と考えるからである。それが社会でも少しずつ認められ、100万円程度の寄附をしていただく企業（とりわけ外資系企業が多い）もボチボチ増えてきているが、個人会員（年会費3000円）はなかなか増えていかないのが寂しい。

クラブの活動はゴミ拾いが中心ではあるが、そのほかにも植林、植生調査、あるいは自然体験教育などもやっている。最近では、清掃活動に会社や家族のリピーターが多くなり、心強い思いをしている。春とか秋の休日を、社員ハイキングや家族ピクニックといった気分で清掃を楽しんでもらう工夫が当たっているようだ。

軽く汗をかく2時間程度のゴミ拾いは、チョット善いことをしに富士の麓《ふもと》まで遠足に来た気分になり、また来てみようかという気持ちにもなる。しかし、それで十分。それは立派なボランティア活動なのだ。

富士山が日本人の心をしっかりとらえていることは、北は利尻富士・津軽富士から南は薩摩富士・本部《もとぶ》富士まで、「ふるさとの富士」が300近くもあることでわかる。私たちは、できることなら、富士の裾野のように、この運動を全国の山々にまで拡げていきたいと努力している。

王貞治実行委員長と「ふるさと清掃運動会」荒川河川敷清掃（2011年10月30日）

そこで、この運動の別動隊として、大学生を中心に「ふるさと清掃運動会」を立ち上げている。秋の1日を「運動会」で楽しむように、ふるさとの山河の清掃をせめて春秋2回ぐらいは楽しもうというわけである。その実行委員長をホームラン王の王貞治《おうさだはる》さんに務めていただいてきた。

太宰治《だざいおさむ》はその『富嶽百景《ふがくひやっけい》』で、「富士には月見草がよく似合う」と書いたが、私たちは、日本一の山である富士山には王さんがよく似合うと考えている。だから、2012年からわが富士山クラブの会長には王さんに就任していただいた。ありがたいことである。

世界文化遺産の登録とか、富士山の日（２《ふ》月２３《じさん》日）の制定（山梨県・静岡県）もさることながら、なによりも大切なことは、日本が誇るべき富士山が美しい日本のシンボルにふさわしい清潔な山であってもらいたい。そして、ゆくゆくは日本自体が、かつて英国の旅行家イザベラ・バード女史が感嘆したような「ガーデン・アイランド」として再生する日を夢見ているのである。

環境保全の運動の原点はまず日常的なゴミ拾いからといってよい。ぼくたちの目指すところは、日本の山河が美しい自然を取り戻し、日本全土をやがてスイスのような美しい山河に再生することである。

しかし、それは難しいことではない。王さんの言葉を借りれば、「環境は心（がけ）」だからである。

「農村文明塾」の可能性

6年ほど前まで、ぼくはNPO法人「起愛塾《きあいじゆく》」の塾長を務めていた。起愛塾とは、当時の愛媛県知事・加戸守行《かともりゆき》氏の肝入りで、愛媛県を活性化するため郷土の起業家を育成しよう、愛媛県に「気合」を入れようという趣旨で設立されたアントレプレナー育成プロジェクトである。

わずか5年足らずではあったが、愛媛県出身で、愛媛県内で起業する意欲をもつ若者を、松山と東京の会場に毎年それぞれ10人を選抜、起業するテクニックとノウハウの教育を1年間実施した。教育の成果は、毎年、松山会場で受講生たちが発表し、かなり注目される成果もあったが、パトロンであった県からの補助金が尽きたため、起愛塾は自然消滅となった。

他方、そのころ、ぼくは友人の奥田裕一郎氏と新たに「全日本アーチェリーバイアスロン連盟」を立ち上げ、毎年世界大会に選手を派遣していたが、ロシアとヨーロッパ諸国との対立により、大会そのものの開催が困難となり、わが連盟も解散のやむなきに至った。しかし、その間、ぼくは会長として日本代表選手の選考会に出席するため、会場である長野県の木島平村《きじまだいらむら》を訪れ、芳川修二《よしかわしゅうじ》村長と知り合った。その結果、「起愛塾」の話題から、芳川村長の構想する「農村文明塾」の塾長就任を強引に口説かれ、その意気込みに惚れこんだぼくは、身のほどもわきまえず、とうとう塾長を引き受けるという破目に陥ったのである。

おりから、市町村合併により、ぼくの郷里の「日吉村《ひよしむら》」も消滅するが、当時568あった「村」が184に激減するという、「田舎者」のぼくにとっては、故郷を喪失して流浪《るろう》の民《たみ》となったような淋しさ感じていたことも、塾長を引き受けるというバカをやった原因の一つである。

加えて、「農村文明塾」という発想が魅力であった。こういうユニークな発想をする芳川村長と組めば、本当に農村を活性化するヒントないしはきっかけをつかむことができるかもしれない。それは日本全体の土性骨《どしょうぼね》を叩き直す手がかりとなるかもしれない。なにしろ、「農村文化」ならぬ、「農村文明」なのだから。

もしかすると、芳川村長は、これまでの「農村」につきまとう「後ろ向き」のイメージから、「文明」という、およそ農村とは似つかわしくない「前向き」のイメージへの転換を強調するために、あえて「農村文明塾」というネーミングを用いたのではないか。ぼくはそう考えて、ぼく自身あえて恥をさらしても村長に協力しようと決意した。

いずれにしても、「農村文明塾」は、長野県木島平村に平成22年に創設され、わずか3年にして、2012年「全国村長サミットin木島平」を開催し、全国から40人の村長が参加するところまできた。いうまでもなく、それは芳川村長の農村活性化による元気な国づくりに共鳴し、平成の大合併から生き残った村々がもう一度元気な農村づくりに取り組む意気込みを示すものである。国際化の波の中で農村のあり方（むしろ食糧自給の問題というべきか）は国の命運を決するであろう。

「ユートピア」はあるか

この地上に「ユートピア」（桃源郷）はあるか。ないから「ユートピア」（ギリシア語で「どこにもない」という意味）である。１５１６年に出版されたヒューマニストである大法官トマス・モアの『ユートピア』（岩波文庫）はあまりに有名であるが、あたかもそれを証明するかのように、モア自身が断頭台の露と消えた。

ぼくは昔、ジェームス・ヒルトンの『失なわれた地平線《ロスト・ホライズン》』（河出文庫）を読んだときから「ユートピア」に興味をもち、あれこれ書物を読んだり、ユートピアを求めて各地を旅行したりした。もとより「どこにもない」理想郷であるから、当然失望を重ねるしかない。

では、この地上でもっとも幸福な国といわれるブータンはどうか。訪れてみると、ヒマラヤ山中のこの国は、山は高く水は清く、まことに環境に恵まれた国であり、人々は清冽な空気中で凛として生きている。住まいも清潔で日本人（外国人として初めてブータンの貴族に叙せられた西岡ダショー）の指導で食糧も豊富であり、住民の満足度の高さは十分理解できた。しかし……しかしぼくの感覚からすれば、ブータンはユートピアとはほど遠かった。

その後ぼくは中国雲南省を訪れた。ここは観光地に恵まれ、省都「昆明《こんめい》」をはじめとして、「大理《だいり》」「麗江《れいこう》」に続き、「シャングリ・ラ」がある。いうまでもなくヒルトンの描いたユートピアである。雲南省は北でチベットと接しているが、その最北の少数民族の住む美しい寒村を商魂たくましい中国人は「シャングリ・ラ」と命名し、一大観光地に仕立て上げたのである。そして、ここにはブータンにないものがあった。それはおいしい酒と料理である。

もっとも、ぼくはここがユートピアだと思ったわけではない。しかし、ヒルトンが描いたユートピアにきわめて近い桃源郷だと思った。いかに自然が優れていて、人々の暮らしが豊かであっても、そばに親しい友人がいて、おいしい酒と料理がなければば、ぼくにとってはユートピアではないからである。

人生が楽しいと思えるためには、愉快な仲間に、おいしい酒と料理がなければならない。それがあるのは、山小屋の薪ストーブを親しい山仲間と囲んで、カレーライスとトン汁に腹鼓《はらづつみ》を打ちつつお湯割りの焼酎を飲んで陶然としている、あの幸せな気分にほかならない。

ユートピアは意外と身近にある。それを感得する生き方を身につけさえすればよいのだ。立原道造《たちはらみちぞう》の詩にも、「夢見たものはひとつの幸福／願ったものはひとつの愛／山なみのあちらにも静かな村がある／明るい日曜日の青い空がある／…それらはすべてここにある」と、あるではないか。

カール・ブッセの詩「山のあなた」を借用すれば、ブータンやシャングリ・ラにユートピアを求めて、「涙さしぐみ、かへりきぬ／山のあなたのなほ遠く／『幸ひ』住むと人のいふ」と、思い知らされたわけではない。逆に、ユートピアは「求める」ものではなく、「創り出す」ものだと悟ったのである。モアの考え方もおそらくはそうであろう。

ユートピアはだれの心の中にもある。だからこそ、人々にその想いが強ければ身近かに実現できるはずである。

大学改革と原発事故を考える

大学の改革は、大学の評価が高いときに決行しなければならない、というのが若いときからのぼくの思いであり、早くからそれを口にしたり書いたりしてきた。事態が悪化してから改革しようとしても手遅れだったり、やたらと余計な時間と労力を要するからである。

たとえば、ぼくが早稲田大学の総長に就任した1期目（1964〜1968年）は実に多くの無駄な労力を払わされた。改革が成功したかどうかは別にして、ぼくは一点突破全面展開という手法でなんとか当面の最悪の事態を乗り切った。改革は組織が上昇気流に乗っているときに、次なる一手を打たなければならないのである。しかし、当然とはいえ、それは「言うは易《やす》く、行うは難《がた》し」である。

２０１１年3月11日、東日本大震災が突発し、そのいわば二次災害として原発事故が発生した。以前から財団法人電力中央研究所の評議員を務めていたぼくは、事故発生の2年前のある会議で、「原発事故による災害発生の可能性は常にある。災害発生の可能性がある以上、その発生の事前防止のためには最大限の措置がとられねばならない」と主張し、「原子力平和利用大学院大学」の設立を提唱していた。

この大学院大学は、現実に稼働している原子力発電所を実習場として、世界各国の原子力行政機関や研究所のベテラン中堅幹部を学生として、2年間研究や実習に専念させるというものである。もとより、その費用は全額日本政府持ちで、家族用宿舎を用意し、各国の政府等の派遣学生を受け入れる。経費は全部合算してもせいぜい数百億円であり、その結果得られる安心・安全からすれば安いものである。それがどんなに安いかは、事故後の請求された巨額な損害賠償によりすでに実証済みである。

原発運用の各国の経験の交流はもとより、万一の事故発生に対しては、同じ釜の飯を食った各国のベテラン同窓生の協力が得られるばかりか、同一の教育を受け、共同で研究した成果は、原発の安全・安心のレベルを高める上で、はかり知れない効果が期待できる。加えて、それは日本の国際貢献にも大きく寄与するであろう。

残念ながらぼくの提案は一顧だにされなかったが（政治家に個別的に話をしても、共感されるだけにとどまった）、たとえその会議でぼくの提案が支持されたとしても、3・11に間に合ったわけではない。

しかし、原子力の利用は、本来許されない危険が例外的に「許された危険」とされているからこそ特別な無過失責任（結果責任）とされている。加えて、会社法の専門家として言えば、取締役が損失発生の未然防止のために内部統制システムを構築する義務を負うことなども考慮すると、原発運営には、どんなに注意しても十分すぎるということはないのである。災害が発生していないときこそ、安全性向上に努めなければならないのだ。

いまごろになって、後知恵で勝手なことを言っているわけではない。ましてや先見の明を誇るつもりなどまったくない。何事もないときにこそ「備えよ常に」あるいは

「備えあれば憂いなし」と言いたいのである。

里山《さとやま》・里海《さとうみ》資本主義とユートピア

日本の近未来論としていま注目を浴びているのが、「里山・里海資本主義」である。この考え方は、単にエコロジーの側面からのみならず、エコノミーの側面からも高く評価されている。

たとえば、瀬戸内海のカキの養殖は、海水の浄化力が大きく、いま世界各国がそのエコ効果に注目している。そのため、大規模なカキ養殖の行われている瀬戸内海はいまや「里海」とさえ呼ばれるほどである。ひところ、海水汚染の元凶《げんきょう》との印象さえあったカキの大規模養殖は、いまではそのエコ効果が認められて、評価を一変させた。

ところで、ぼくは藻谷浩介《もたにこうすけ》＝ＮＨＫ広島取材班の『里山資本主義』（角川ｏｎｅテーマ21）を読んでいて、ユートピア論との奇妙な相似性に気づいた。つまり、「里山資本主義」の世界は、ウィリアム・モリスの『ユートピアだより』（岩波文庫）に描かれた「ノーホェア（nowhere）」（英語のユートピア）の世界と雰囲気があまりにも似ていることに驚いたのだ。

帝国主義最盛期の19世紀末のイギリスの社会主義者モリスが描く「ユートピア」とは、彼が夢の中で旅行した21世紀のロンドンであった。そこは、かつての汚濁《おだく》にまみれたロンドンとは異なり、まるでガーデンのような、自然環境に恵まれた田園都市に一変し、テムズ川は鮭《さけ》が獲れる美しい清流《せいりゅう》に生まれ変わっている。

そこに住む人々にとって「仕事が喜びで、喜びが仕事になっている」ため、仕事や品物は無料《ただ》。刑罰や牢獄は社会にとって不名誉なものだから存在しない。だから、人々は「元気いっぱいでいながら、ゆったりやすらぐというくらし」を楽しんでいる。

しかし、こんなユートピアは「どこにもない（ノーホェア）」はずなのに、里山資本主義の世界ではほんの少し実在しているらしいのである。中国山地の山あいの「木質バイオマス発電」による地域おこし「真庭《まにわ》モデル」とか、企業版・街中資本主義(?)とでもいうべきコミュニティ復活を目指す「スマートシティ・プロジェクト」とか、いずれも「懐かしい未来」を創造する試みが実現への大きな芽をふくらませている。

このような「自己の行動によって安心を作り出す実践」をするノーホェアの村の住民は、「富を投げ捨ててゆたかさを達成した、幸福な美しい人たち」であり、「どれほど労苦がともなおうとも、友愛とやすらぎと幸福の新しい時代を少しずつでも建設してゆくために奮闘しながら」くらしてきた人たちである。その意味で、里山資本主義は、「持続可能」な未来世界へ向かうためのマネー資本主義の保険である。

ぼくは、藻谷さんたちの発するメッセージに、「ノーホェア＝ユートピア」への手がかりを見出したと思った。とはいえ、日本の現状からすれば、里山資本主義はマネー資本主義との「棲み分け」によってのみ、その存在意義に磨きがかかるのではないか。里山・里海資本主義は、近未来日本にとって確かな希望となりそうである。

第6章

遊びとムダの効用を知る

「無用の用（ムダの効用）」

人間というものは、生きるうえで、さまざまな「ムダ」をする。否、むしろ「ムダ」ばかりしていると言ってもいいくらいだ。例えば、コンパ、飲み会、カラオケなどのいわゆる楽しい「遊び」。しかし、それは本当に「ムダ」なのか。

詩人の佐藤春夫に至っては、「若き二十《はたち》のころなれや／六年《むとせ》がほどはかよひしも／酒、歌、煙草、また女／外に学びしこともなし」と学生時代を懐かしんでいるくらいである。

しかし、佐藤春夫でなければ、こうした「ムダ」が人生にとってまったく必要がないかどうかは大いに疑問であろう。周知のように、ひところ資本主義社会の弊害は「ムダの制度化」であるとさえ言われたが、社会主義諸国におけるムダを排除するはずの計画経済の驚くほど貧しい実態が明らかになるにつれて、その声は聞かれなくなってきた。それどころか、使われる局面はまるで異なるものの、一般にはむしろ「ムダの効用」という言葉さえもよく耳にする。
もっとも、「ムダの効用」という語感は誤解を招きやすいので、ここでは、荘子の言葉である「無用の用」を借りて話を進めることにしたい。世の中には、一見「無用」のように見えながら、それが重要な役割を果たすことが決して少なくないのである。

昭和天皇がお亡くなりになったとき、高坂正堯《こうさかまさたか》京都大学教授は、新聞紙上のコメントで、昭和天皇の存在を「無用の大用」と讃えられたことは忘れられない記憶としてぼくの脳裏に残っている。いうまでもなく、当時も今も、ぼくはまったく同感である。それくらいわが国の現代史に占める昭和天皇の存在は大きかったと思う。

ところで、学生時代のコンパの席上で、ぼくらはいつもやけくそのように「デカンショ節」をがなっていた。「デカンショ」とは、「デカルト、カント、ショウペンハウエル」を短縮した言葉だといわれ、学生の愛唱歌の一つだった。これら3人の哲学者の書物を読んで「半年や暮らす、ヨイヨイ。あとの半年や寝て暮らす、ヨーイ、ヨーイ、デッカンショ」というわけである。とはいえ、いくら読んでも理解できないとすれば、まさしく「ムダ」な努力にすぎない。

おまけに、ショウペンハウエルの『読書について』（岩波文庫）によれば、いきなり「読書は、他人にものを考えてもらうことである。…ほとんどまる1日を多読に費やす勤勉な人間は、しだいに自分でものをかんがえる力を失って行く」とさえ書いてあるではないか。まるでたくさん読んではいけない、思索をするためには読書は「無用」と言わんばかりだ。

もとより、ショウペンハウエルの言葉は、彼一流のアフォリズム（警句）にすぎず、そうならないための読書のあり方を説いているのだ。しかし、われわれ凡人にとっては、読書が「無用」であるとしても、なおそれは「無用の用」というべきである。学校で学んだことの多くが結果的に「ムダ」になったとしても、だから「無用」ということになるであろうか。生きるうえで必要（有用）な知恵はどういうものか予測はつかない。だからこそ、「備えよ常に」とは、まさに「無用の用」の効用を説くものでもあるのである。

早大探検部のサムライたち

いまどき「探検部」などと言えば、「へー」とバカにされそうであるが、早稲田大学にはいまでも大真面目に「探検」に青春の血を燃やしている大馬鹿者がたくさんいる。その上、この連中をこよなく愛している教員さえもいる。かつて私は、総長就任に当たり内規で部長を退任しなければいけなくなるまで、探検部長を務めていた。

こんな時代に「探検」なんてどこでするのか、と首をかしげる向きもあるが、わが探検部の歴史は「わけがわからんことがあると聞けば、放っておくことができない」という伝統を育ててきた。たとえば、ぼくの部長時代の探検部の活動では、アフリカ中央部の小さな湖に棲むという怪獣「モケーレ・ムベンベ」を追う「コンゴ・ドラゴン探索プロジェクト」や、「タクラマカン砂漠東西横断プロジェクト」が実施された。

もとより、「探検」は「冒険」ではないから、その実行には最大限細心のの安全確保の配慮を必要とする。それゆえ、そのプロジェクトの審査はきわめて厳格であり、現地の地形・地政の調査、現地語の修得、探検技術の訓練（登山・ケイビング・筏《いかだ》による川下り、連絡方法など、あらゆるサバイバルのスキル）には万全の準備を要求する。

こうした苛酷な探検で鍛えられたOBたちの社会での活躍について述べる紙面の余裕がないのは残念だが、たとえば、直木賞作家の西木正明《にしきまさあき》・船戸与一《ふなとよいち》、国際ジャーナリストの惠谷治《えやおさむ》、記録映像の岩崎雅典《いわさきまさのり》・坂野皓《さかのひろし》・茅野臣平《ちのしんぺい》・伊藤幸司《いとうこうじ》等、『幻の怪獣ムベンベを追え』（PHP）の高野秀行《たかのひでゆき》、『空白の五マイル』（集英社）の角幡唯介《かくはたゆうすけ》などの若手探検家、異色のエコロジスト元鎌倉市長の竹内謙《たけうちけん》、トイレ研究家の上幸雄《うえゆきお》等々、まことにユニークかつ多彩なOBを輩出している。

部長としてぼく自身は、毎年新入部員の歓迎会で、「諸君は探検部に入った以上は、4年間で卒業しようなんて不心得な考えをもってはいけない。大学は裏表8年間在籍できるのであるから、取り組むプロジェクトによっては、5年卒、6年卒を覚悟せよ」と訓辞したものである。

人生において、ソロバン勘定抜きでなにかに取り組むことのできる最大の機会は大学時代くらいなものである。だから、やる以上はトコトンやるべきである。幸い、わが部員の多くは実によく行動し、「スティ・フーリッシュ」の伝統を築いてくれた。部員たちは、当然、肉体的にも精神的にもタフであり、なによりもその情熱の持続力がすばらしい。この連中が健在であるかぎり、早稲田大学はもとより、日本の未来にも希望が持てるとさえ思える（これは一教師の錯覚であろうが）。

いまぼくは、探検部ＯＢたちと毎年国内外のトレッキング（台湾、ボルネオ、モンゴル、カムチャッカ等）と奥地探訪（知床、ブータン等）を楽しんでいる。２０１２年はベトナム北部の山へ行く。ぼくがＯＢたちに同行するのは、なによりも彼等のもつほのぼのとした少年の心と仲間としての肌のぬくもりが心地よいからである。結局、人生の幸せとは若き日に流した汗の量に比例するのではないか。

「われ遊ぶ、ゆえにわれあり」

近代科学の時代の幕を上げたのはフランスの哲学者・デカルト（1596―1650）であるという。彼は人間を「ホモ・サピエンス（Homo Sapiens）」（知の人）と呼んだ。

デカルトは、あの有名な命題「コギト・エルゴ・スム（Cogito ergo sum）」、つまり、「われ思う、ゆえにわれあり」を提示し、彼以前の伝統的な学問と決別して、近代科学の時代を開いた。つまり、これによって、科学と合理主義の世界が展開する基礎を築いたのである。いうまでもなく、科学の時代の到来は、人類にとり計り知れない幸せをもたらした。科学の発展は人類の未来をユートピアに変えるはずであった。ところが、現実はそうではなかった。それどころか、そのもたらした結果は、原子爆弾を始めとする核兵器の開発、そこまでいかないまでも、地球規模の環境汚染、さらには、3・11の原発事故による放射能拡散など、科学は人類にとってむしろ脅威とさえなったのである。

こうした事態を予測したのかどうか、オランダの歴史学者・ホイジンガ（1872―1945）は、1938年にその主著『ホモ・ルーデンス』（中公文庫）により、「ルード・エルゴ・スム（Ludo ergo sum）」、つまり、「われ遊ぶ、ゆえにわれあり」というデカルトの命題に対立する命題を定立し、人間を「ホモ・ルーデンス（Homo Ludens）」（遊びの人）としたのである。

ホイジンガによれば、「遊び」は文化現象であり、彼はそこに人間の本質を見る。ところが、遊びの典型とさえいえるスポーツひとつを取り上げても、現代ではスポーツの最善の部分の後退―アマとプロの分離と後者への傾斜―により、文化としての退廃の危機にあると指摘する。

つまるところ、人間は科学の担い手たる「ホモ・サピエンス」としては行き詰まり、文化の担い手たる「ホモ・ルーデンス」としても退廃の危機にある。その意味で、現代はまことに難しい時代というほかない。しかし、人類が未来を確保するために突破口を開くとすれば、それは「ホモ・ルーデンス」としての方向ではないか。

もとより、「文化」と「科学・技術」は、それ自体対立するものではないが、その担い手たる人間がそれぞれ「ホモ・ルーデンス」と「ホモ・サピエンス」であってみれば、ほとんど正反対の性格の人間の営為といってよい。たしかに、科学・技術の進歩をとどめることはできないし、それが必要とも思われない。

しかし、現代において、われわれが考えるべきことは、地球・人類の未来であり、そのためにはサステナブル・ディベロップメント（持続的成長）という観点であろう。そして、その観点を堅持するのがホモ・ルーデンスであり、ロハス（LOHAS）―ライフスタイル・オブ・ヘルス・アンド・サステナビリティ―という生き方である。

未来は、ホモ・サピエンスの「対立・競争」の世界からホモ・ルーデンスの「共生・共創」の世界への転換によって、初めて確かなものになる、といえば言い過ぎであろうか。

ホモ・ルーデンスとスポーツ

スポーツ関係者待望の「スポーツ基本法」がようやく２０１１年6月17日に成立した。この法律は、昭和36年に成立した「スポーツ振興法」の全面改正ではあるが、超党派議員立法として、実質的には「スポーツ憲章」と呼ぶにふさわしい内容をもつ。遅ればせながら、「スポーツ権」は、これによって、日本でもようやく「幸福追求権」という憲法上の人権（憲13条）として正当な位置づけを得た。

スポーツがホモ・ルーデンス（遊びの人）の世界の生み出す「文化」の典型であることはいうまでもない。「文化国家」（憲25条）をめざすわが国がスポーツ権を曲がりなりにも人権の一種と認めたことは、今後の国のあり方を考えるうえでも、その意義は大きい。その意味で、サッカー・リーグの理念である「スポーツで、もっと幸せな国へ」というスローガンが想起される。スポーツはいまや単なる個人的趣味の域を越えて、社会や国家のあり方にまで大きく影響しているのである。

本基本法の最大のメリットの一つは、スポーツの文化性を正当に評価したことにほかならない。これまでわが国は、敗戦の反省から「文化」を重視する姿勢を打ち出しながら、具体的なその方向の推進については腰くだけであった。「文化庁」という政府官庁は設けられはしたものの、その発想は「ホモ・サピエンス」(知の人)の見識《けんしき》にとどまっていた。誤解を恐れずに言えば、文化の保存には熱心であっても、文化の創造というホモ・ルーデンスの発想にまでは至らなかったといってよい。

しかし、大切なのはわが国の未来である。未来への希望をつくるためには、ホモ・サピエンスだけでなく、ホモ・ルーデンスの育成が必要である。そういうことが意識されたかどうかはともかく、2011年の3・11東日本大震災の政治・経済の大混乱の中で、長年議論されながら一向に実現しなかったスポーツ基本法に一筋の光明を見る想いで、本基本法が突然成立したのではないか。

たしかに、日本の現状において、多額の予算措置を要する新規の事業は難しい。そうである以上、せめても国民に未来の希望を与える政策の方向づけをスポーツ基本法として提示するくらいのサービス（？）はあってもよい、と考えたのかどうかはともかく、超党派議員の賛成により成立したのが本法である。これをシニカルに見るか、わが国でも機は熟していたと見るか、いずれにしてもスポーツ界にとっては歓迎すべき立法であった。

これまでわが国のスポーツ界でも不祥事（たとえば、八百長相撲、野球賭博など）が少なくなく、ともすれば、国づくりという観点からは、スポーツの評価は必ずしも高いとはいえない。しかし、スポーツは、本来、肉体の鍛錬のみではなく、規範意識を醸成する。すなわち、スポーツは青少年育成において、「ルールを守り、フェアプレーを尊ぶ」という健全な市民の公共精神の育成の上できわめて重要な役割をはたすのである。

世界文化遺産としての富士山

2013年5月、富士山がついに世界文化遺産となることが確定した。一度は世界自然遺産に応募して、周辺のゴミのあまりのひどさに、あっさり一蹴された。もっとも、ユネスコが世界遺産に認めようが認めまいが、「富士山は日本一の山である」ことには変わりはない。今回の文化遺産認定は当然といえば当然の結果ではあるが、それにしても遠まわりしたものである。

ストレートの自然遺産申請が却下され、カーブ気味の強い文化遺産申請がやっと認容されたというわけであるが、ではどうして富士山は「自然」遺産ではなく「文化」遺産なのであろうか。いささか違和感を覚える向きも少なくないのではないか。

山岳宗教と富士山との結びつきは、古代からの浅間《せんげん》信仰、江戸時代の富士講《ふじこう》や高田富士など70基近い富士塚が建立されたことからも明らかである。ぼくが大学生時代、早稲田のキャンパス内にまだ残っていた高田富士に登ったことのある卒業生は少なくないはずである。

また、芸術とのかかわりとなると、古代から現代まで、富士山を扱う文学は数多く、万葉集から太宰治の『富嶽百景』まで枚挙にいとまがない。絵画の分野でも、版画『富嶽三十六景』を残した葛飾北斎、終生、富士を描き続けた横山大観、赤富士の林武《はやしたけし》などを挙げれば十分であろう。最近では、女流講談師の神田紫《かんだむらさき》さんの一連の富士に関する講談が、富士山山頂で聞ける。夏など、ぜひ登ってお聞きになることをおすすめしたい。

ところで、富士山を詠んだ歌のなかでも、とりわけ西行法師《さいぎようほうし》の歌で次のものが有名である。

風になびく　富士のけぶりの　空に消えて　ゆくへも知らぬ　わが思ひかな

西行には次のような歌もある。

なにごとの　おはしますかは　知らねども　かたじけなさに　涙こぼるる

日本人であれば、富士山に向かい合うと、自然と心を打つサムシングがある。その頂上からご来光に手を合わせるのと同じように、ご来光の中の富士山自体に対して自然と手を合わせている。それがさまざまな宗教的伝説を生み出してきた。

今回富士山が「文化遺産」として認定されることになったということは、その文化的側面にいよいよ磨きをかけることが必要となったことを意味する。しかし、国や自治体が宗教的伝説の強化に努めるわけにはいかず、芸術的伝統の形成に手を貸すといっても、小規模の資料館を設けることくらいであろう。

いま、当事者である静岡県と山梨県の両県が努めるべきことの第一は、増加する観光客に対応できる環境保全対策である。その意味では、自然遺産の場合と当面する課題は同じである。

では、文化遺産としてはどうか。もとより、両県ともにそれぞれ工夫をこらして対策を考えておられるに違いない。しかし、次の時代の日本を背負う青少年の錬成道場を建立するという構想をどうするか、対応はまだ明確ではない。

ぼくの「富士特別訓練」の思い出

ぼくの30歳までは、もっぱら銭湯の客であり、ほとんど毎日富士山を見ていた。もとより、風呂場の壁にペンキで描かれた富士山である。しかし、本物を自分の眼で初めて見たのは昭和30年、第1回富士特別訓練（於・山中《やまなか》野営場）に参加したときのことである。また、それは初めて東京を見物したときでもあった。

中学3年生のとき宇和島第1隊の上級班長であったぼくは、そのとき初めて入手したハットをかぶり、緊張と期待にはちきれそうな10人ほどの仲間と一緒に参加した。

前から３列目左から３人目が筆者（香川連盟石川孝氏提供）

朝方の7時ごろだったように思われるが、突然誰かが、「富士山が見えるぞ！」と叫んだ。

私もあわてて汽車の窓から外を見たが富士はどこにも見当たらない。富士はなんとはるか頭上にあった。さすが「日本一の山」と、妙に感心したのを覚えている。

5泊6日の特別訓練そのものは、訓練をつんだぼくらにとって「特別な」ものではなかったが、いまでも瞼に焼きついて残っているのは、連盟歌などいくつかのスカウトソングの指揮をとった尾崎忠《おざきただ》次《つぐ》氏の見事な指揮っぷりであった。

別に気になったわけではないが、ぼくらがいつも歌っていたソングとは随分違うなと思った。指導者としてはすばらしいが、ややオンチ気味の西田義雄隊長から習った歌である。自信に満ちたぼくたちの歌声は、声の大きさと元気さで、ひときわ周囲の注目をひいた。

この富士特別訓練でぼくのこころに強く残ったものはといえば、まずは昇る朝日の中に姿を現す富士の神々《こうごう》しさであり、沈む夕日の中の荘厳な赤富士である。その姿は、スカウトの訓練に打ち込むぼくたちに、「ガンバレ！　君たちが日本の未来を担うのだ」、あるいは、「わが霊気を身に受け、グッド・シチズンとして立派に育ちなさい」と呼びかけているようでもあり、なぜかぼくたちには素直にその呼びかけに応えるこころが生まれていた。富士山の霊気がそうさせたに違いない。

なぜなら、富士山は、その偉大さ、気高さにより、古くから人々に深い感銘を与え、『心のふるさと』として親しまれ、愛されてきた山である。だから、「富士山の自然、景観、歴史、文化を後世に末長く継承しよう」（富士山憲章）というわけである。

たしかに、夏目漱石は『三四郎』の中で、「あれが日本一の名物だ。あれよりほかに自慢するものは何もない。ところがその富士山は天然自然に昔からあったものなんだからしかたがない。我々がこしらえたものではない」と、富士山を引き合いに、日本の文化のレベルの低さを痛烈に皮肉っている。そんなところにも、文化遺産としての富士山への違和感は残る。

しかし、青春の真只中にいたぼくは、毎夜テントの中で、ひそかに「旅の空から富士山見たら、遠い故郷のあの娘《こ》を想た…」と口ずさんでいた。いまもなおそのことが忘れられない思い出となっている。

では、特別訓練とはいったい何だったのだ、ということになろうが、青春は若者にとって何事であれ「特別」なものではないのか。ぼくにとり、富士特別訓練は、青春の開幕を告げる春雷のとどろきであり、魂をゆすぶられたような感動であった。

第7章

チームワークが若者を鍛える

「世のため人のため」に汗を流す

いま、日本では、「世のため人のため」に汗を流そうという人はかなり少なくなっているような気がする（それだけに、東日本大震災の際にみせたソフトバンクの孫正義さんの行為は感動的と言ってよい）。

ところが、巨額の寄附をしたマイクロソフトのビル・ゲイツのいるアメリカはどうであろう。

早大総長をしていたころのアメリカ出張での出来事。ある大学を日程の都合でたまたま日曜日に訪ねることになり出かけてみると、日曜日だというのに大学の職員が多数出勤している。何かイベントでもあるかと聞いてみると、地下の部屋へ案内された。ずらりと並んだ電話の前で10人ほどの職員が電話をかけている。

何の電話かというと、「あなたは昨年は２０００ドル寄付していただいたが、今年もできれば２０００ドル寄付していただけないか」というようなやりとりだった。卒業生に対して、日曜日なら家にいて、つかまえられるからだろう。寄付文化の根付いているからこそ可能な電話であろう。日本だったら怒鳴られるだけではすむまい。長くネチネチと嫌味をいわれるのではないか。

日本では、残念ではあるが、誰かのために汗を流してやろう、と考える人たちが本当に少なくなってきていると感じるのは、個人の寄附が少ないからである。

では、その理由はどこにあるのだろうか。いまの大人たちが子どもの時代に子ども同士で遊び疲れた体験がないことにもその一因があるかも知れない。つまり、子ども時代が不完全燃焼だったため、「思いやり」の心が十分育たなかったのだ。

いまの子どもたちには遊び疲れるという経験がない。ぼくらの子どものころは、もうとにかく遊んで、遊んで、遊び疲れてバタンキュー、という毎日だった。中学生ぐらいまではそういう童心の時代を過ごした。いまの子どもたちは妙にひねこびていて、その経験がない。いまや田舎ですらもそうなのだ。

私事ながら、昨年『「痛い目」に遭いながら人生を学べ』（光文社刊、２０１３年）という本を上梓した。その中でも触れているのは、自分で痛い目を体験しているからこそ、他人の心の痛みが分かり、「いじめ」の卑劣さも理解できるということであり、昔の子どもは「遊び」の中でそれを学んだものである。そうした経験がないいまの子どもたちは、ケンカをしても手加減ということを知らない。それは自分が痛い目にあった経験がないからである。

子どものときには、ケンカは遊びの大きな部分を占めていた。でもそのケンカはいまの子どもたちのケンカとは全く違う。相手にケガをさせないようお互い手加減をしたものである。ケンカをしながらも子どもたちはお互いに相手のことをどこかで思いやる気持があった。だから、ケンカをしながら遊んでいるうちに、おのずから仲間の中で序列や役割分担が決まってきた。

たとえば一緒に野山や川へ出かけても、木登りの上手な者も潜るのが得意な者もおり、それぞれが役割をはたし、おのずとチームワークの世界ができる。これは非常に大事なことである。人にはそれぞれ個性があり、違った能力がある。それをガキ大将がうまくまとめれば、仲間としての絆は強くなるのだ。

野球やサッカーなどの団体スポーツをやれば自ずとチームワークの大切さを教えら

れる。選手にはそれぞれ自分の得意とする持ち場がある。その持ち場でチームに貢献するよう一生懸命に努力することを覚える。それがチームメイトの信頼を強める。

もとより、遊び仲間のだれもが自分こそはガキ大将になりたいと思う。しかし、ガキ大将には1人しかなれない。残る者たちはそれぞれ仲間内で別の役割を担うほかない。そんなことは、改めて指摘せずとも、誰れにでも分かることである。しかし、大切なことは、大人になって初めて分かったというのでは遅すぎる。仲間内の秩序は社会の縮図でもあるのだ。

また、社会で生きていく以上、その慣行とか規範を無視して勝手なことはできない。そういう意識はしかし、大人になって強制されて身につけるものでもない。子どものときから自然と体得していかねばならないものなのだ。それを体得する機会が、いまの子どもたちには非常に少なくなっているのが問題である。いうまでもなく、子ども社会が消滅しつつあるからだ。

どんな組織であっても、トップではないがどうしてもその人がいなければ組織が成り立たない、という役割を担う人がいる。そういうキーパーソンがいてこそ組織は活性化する。組織としての本来の機能を発揮する。社会も国家も同じであるが、そういう人材がいまでは少なくなっているとすれば、これからの社会の活性化は難しい。

しかし、団体スポーツをやっていると、自分のポジションはどういう任務を負っているかをたえず考えてプレイしなければいけないので、ポジショニングの大切さを知ることができる。そうゆう体験をした子どもは、どんな職場に配置されても、そこでのポジショニングを適切にとることができる。

ポジショニングがしっかりした個人が集まると、団体や組織、社会は非常に安定する。いまは、そういうポジショニングができる人たちが非常に少ない。それでもぼくが希望を失っていないのは、わが国ではスポーツの評価が次第に高まってきているからだ。

たとえば、お隣の国、韓国では青少年層の1％しかスポーツをやっていない。これに比べて日本では60％もの青少年が何らかのスポーツをやっている。どうしてかというと、韓国ではスポーツ特技生制度があって運動選手は勉強をしなくても進学が保証されている。だから、競技者は個人的能力の高い少数の者に絞られる。スポーツ自体は高く評価されているが、スポーツを楽しむという前提が欠けている。

韓国で一番盛んなスポーツはサッカーだが、それでも２２００校ある高校のうち90校足らず、２番目に多い野球はわずかに53校にすぎない。日本は５４００校の高校のうち、硬式が４１００校、軟式も４００校で行われているから、合計４５００校もの高校に野球部が存在する。つまり、わが国では、一生涯教育と結びついたスポーツの文化的意義が高く評価されてきているのである。

スポーツを例にとり、あれこれ述べたが、団体スポーツで勝つためには、各人がその役割をきっちりはたすことが必要であり、仲間のために自分を犠牲にすることが「当然」に求められる。そして、社会というチームも市民が社会全体のために多少の負担とか不便とかを覚悟する公共心をもってこそ、自分をもっとよく生かす社会ができるのだということを、子どもはそのスポーツや遊びからおのずと学ぶ。子どもの遊びは、その意味で、社会を健全化するために必要なことなのだ。

社会における自分の役割を知る

この際だから、私事で恐縮ではあるばかりか、あまり参考となるとも思えないが、ぼく自身のポジショニングのとり方についても少しだけ述べておきたい。

ぼくはいま日本高校野球連盟の会長職も務めている。この職は不祥事などで連盟が混乱している中で託されたものだ。ぼく自身はそれまで日本学生野球協会の審査委員を10年近く務めてはいたが、直接、野球をやった経験はないし、難しい状況のもとでの会長就任であったから、最初はとても居心地が悪かった。

ボーイスカウト日本連盟や高校野球連盟以外にも、ぼくはさまざまな団体の理事長を務めている。それらは全て、財政的に苦境にあるか、運営上の困難を抱えているかなどの問題を抱えている団体であるため、その再建を人から頼まれて仕方なく引受けたものが多い。自ら進んでなったわけではない。ぼくのほとんどすべての活動はボランティアであって、無報酬どころか寄付が必要でさえある。昔と違って、公益財団法人といえども有力なスポンサーを見つけることが難しいので、どこの団体も財政が厳しく、外部から資金を獲得してこなくてはならない。それに奔走するため気苦労が多いので、いまでは無報酬の団体の長を引き受けてくれる人も少なくなっている。ぼくがやむなくいくつもの団体を引受けているのは、世のため人のために汗を流すことをぼくの役割だと考えているからだ。

中でもスポーツに関する団体の多くに関係してきたのは、ぼく自身がスポーツが本当に大事だと考えているからだ。そう考えているのは、すでに述べたように、青少年たちにチームプレイの中で自分が果たすべき役割を考えさせることができるからだ。これはよくいわれる「one for all, all for one」の精神と同じであり、スポーツマンが一番身につけている精神である。こうした精神を身につけた人たちがたくさんいてこそ、しっかりと安定した社会ができるのだとぼくは考えている。

早稲田大学の稲門体育会では名誉会長に就いている。これは早稲田大学のスポーツ分野で努力してきたことを認めていただいたのだと思い、たいへん誇りに思ってい

石鎚山天狗岳（1982m）頂上直下（2013年10月12日）

る。それぐらい大学でもスポーツ振興には力を入れた。

国全体で取り組むべきスポーツ振興の基本方針に関しては、学術的な言説はいろいろなところから発信されており、ぼく自身も多少は寄与している。だがぼくは、健全な青少年を国を挙げて育成していく具体策を実現していくためには、世の中を実際に動かしていく民間の運動がなくてはだめだと思っている。高野連などさまざまな団体の活動はその一つである。やや我田引水ではあるが、それは世の中をよくするための「世直し運動」の一種である。

社会運動は学問とは違って、まず高々と

理想を掲げて実践することが必要である。理想は学術的には完全な検証はできないものだ。ここで大事なことは、理論の追求ではなく、大衆へのアピールであり、１人でも多くの同志の獲得である。だから理想を共有する人たちの情熱の持続力が、この運動には欠かせないのである。

では、ボーイスカウト運動が目指す理想の実現のために献身する人たちはどうか。残念ながら、その数は決して少なくはないが、老齢化が進んでいる。多少、ドン・キホーテ的であっても、怖めず臆せずスカウト運動の理想を掲げてたじろがない若手指導者がもっと増えて欲しいと思う。いったん理想を掲げると、その理想に向かって進むためには、膨大なエネルギーを要する。ともすれば挫けそうになるので、ついつい腰が引けてくる。だからこそ、机上でいろいろ理論モデルを考えているほうがはるかに楽だと考える指導者が多くなるため、理論だけが空転し、肝心な運動が衰退することになる。

しかし、スカウティングは「運動」であり、「学問」ではない。学問は事実の認識が中心であり、運動は理想実現のための実践が中心である。運動の目的は掲げる理想の実現に向かって、どういう方針を打ち出すべきか。そのためのステップをどう考えていくか。その実現のために、どれだけ汗を流し涙を流してくれる同志がいるか。その同志たちのミッション（使命感）とパッション（情熱）こそが事の成否の決め手なのだ。

使命感と情熱のいずれもそろばん勘定では測れない。だから、損得を度外視して働いてくれる同志が必要なのだ。言ってみればドン・キホーテが必要なのだ。ある意味、ぼくなどはドン・キホーテと見られている。けれども、ドン・キホーテのような仲間がいるからこそ、みんなが振り返ったり、応援したりしてくれる運動へ発展してゆくことができるのだと思う。

もちろん、ぼく自身にも、損得勘定で考えれば得となるようなおいしいお話もそれなりにないわけではない。しかし、人間、短い一生に何もかもはできない。これまで通り、「立って半畳、寝て一畳」の処世観に従い、世のため人のためにほんの少しだけ何かのお役に立つことができさえすればよいとしよう。ぼくの役割はそういう役割なのだ、と腹をくくっている。

組織の健全化は個の重視から

ぼくは法律家なのでものごとを根本から考えるクセがついている。日本が明治維新で新たな国家体制をつくろうとしていたとき、早稲田大学の「建学の母」といわれる人がいた。それが小野梓先生（1852―86年）である。

明治時代における最も重要な論文を集めた明治文化全集が二十数巻にまとめられているが、その中でただ1人、小野の『国憲汎論』だけは1人で1巻である。この本は自由民権運動のバイブル視されたほど明治期では重要な文献である。

明治政府は、国の構成要素の最も小さい単位を「家」とした。これが戦前の「家制度」である。それに対して小野は、その単位を「個人」と考えた。

組織と個人、ということを考えたとき、個人こそが組織の基本的な構成要素であることは当然である。つまり個が確立していなかったら、しっかりした組織などできはしない。国家の建設にはその土台から個人を積み上げていったときに、初めて国の組織は強固な土台の上でゆるがぬものになるであろう。

明治政府は「家制度」を基礎としてつくられたので、封建時代と同じように「家」を存続させるために養子制度を重視した。これに対して小野は、養子制度にも反対していたというぐらい、徹底した個人重視の立場をとった。

個がしっかり確立してこそ、強い組織が出来上がる。スポーツを考えても同じ。チームワークは重視されなければならないが、チームを構成する個が弱かったら強いチームはできない。チームワークがいくらよくても1人ひとりの個が弱ければ限界がある。個が強いから、チームとしても強くなる。優秀な選手がいることで、チームとしての力もさらに出てくる。どんな組織も、力のある個をどう育て、どう使っていくかが組織力を高めるカギとなる。つまり、個をどう強めるかという戦略とその個をどう使うかという戦術がなければ、その組織の力を高めることはできないのである。

組織はそれを構成する個を大事にしなければいけない。これがすべての前提であり、その基礎の上で、個々の構成員がそれぞれのポジションを心得て、そのチーム全体の力を引き出すことに努めなければならない。個を磨いて、その磨かれた個の力のベクトルが同じ方向を向くよう個をうまく配置する。それが正しい組織のあり方だと思う。

野外活動で若者は鍛えられる

ところで、早稲田大学は野人の集団と言われる。ある意味で、徹底した個性尊重主義であり、一騎当千の連中がみんな勝手なことをやっているカオスの中で個人が鍛えられていくという独特の伝統的な教育共同体である。だからその組織は、およそ世間の常識からはほど遠い非常に個性的な共同体である。少なくともぼくが在学していたころはそうだった。すなわち、キャンパスの混沌の中で個性を磨き上げることで、大学全体が生き生きとしてくるのである。どれもこれも同じような平凡な個によって構成されているのでは、組織としての特色もなければ、活力のある組織も生まれない。

ボーイスカウト日本連盟全国大会（2013年５月25日、高松）

ぼくがボーイスカウト日本連盟の理事長を務めさせていただいているのは、ボーイスカウトが単なる知力だけではなく総合的な人間力を鍛えるという「運動」であるからだ。ボーイスカウトは「組織」ではなく「運動」なのである。教室での教育ではなく、チーム学習のための野外活動という方法論をとり、教室外で心身ともに鍛えるのがスカウト活動である。ぼくは、自分の原体験から、スカウト組織はいわゆる組織体ではなく運動体であって、一見破れかぶれに見えるが、青少年の本性を生かす優れた教育法である点に共鳴している。

野外活動をしていると、周囲から次第に信望を集めていく者が必ずいる。野外での想定できないさまざまな自然現象に対して、臨機応変に対処できるスキルをもち、率先垂範してたえず全体の面倒をみることのできる者がここでは信望を集める。そういうさまざまなスキルと個性を持ち、周囲と共働しようという意欲をもった者たちがチームを組むことによって、ボーイスカウトの「班」という教育のためのチームがつくられる。

組織と個人との一般的関係で言えば、まず、個を強めなければいけないが、組織がその組織としての力を発揮するためには、長年の間に育まれたその伝統や慣行といった組織の論理も大事にしていかなければならない。しかし、スカウトは運動体なのだ。運動体として発展するためには、理想の堅持と理想に対する情熱の持続力が不可欠である。

野外活動の団体とか仲間社会とかの中で学ぶ経験は、いまの学校教育の場では得られない何物かがある。学校では、みんなが同じように、碁盤の上の碁石のように、同じ大きさの、同じ質量のものとして扱われ、個性を伸ばすことにはさほど意が払われない。碁は碁盤の上の石の配置で勝敗が決まる。だが、人は碁石ではないから、その個性を無視した配置をしては駄目なのだ。人はそれぞれがもつ個性も力も違うから、チームの中では適材を適所に配置し、それぞれの力を発揮させるよう配慮しなければならない。それは理屈ではない。集団の中でおのずと明らかになる個人のポジションのとり方によって、チーム全体のもつ力が決まる。そういう秩序がおのずとできてくるのがボーイスカウトの野外活動のもたらす成果なのだ。そこに本来の組織体と運動体との違いがある。

野外生活とは何か。簡単にいうと原始人の生活である。原始人は自然の中で生きる力を本能的に身につけていく。同時に、仲間に対する思いやりの心も。それが人間の原点であり、その原点をボーイスカウトは大切にしてきている。

ところが現代の社会における学校教育にあっては、自然体験により本能的に身につけていく人間の生きる力などには全く関心が払われず、むしろ無視されている。要するに、学校教育では組織の一員として等質等量の碁石のようなコマをつくることのみに教育の関心が払われている。しかし、人間は個性のない碁盤上の碁石ではない。

現代の学校という組織がそもそも個性を奪うことにのみ熱心であり、個性を生かす運動としては機能していない。そこに受験が加わることによって、そのゆがみにさらに拍車がかかっている。受験によって妙にゆがんだ競争心だけが増幅され、知力だけで人間の価値を決めるかのような考え方が社会を制している。

だが人間社会というものは、どんなに優れた学者がいても、その人１人だけではその知恵を生かすことはできない。いろいろな人たちの支援と協力がなければ、その知恵は世のため人のために生かすことはできないのだ。それが人間社会というものである。だから、ぼくたちの運動はそれぞれの個性を十全に生かせる世界の実現なのだ。

デジタル人間の社会に未来はない

ボーイスカウト運動は、「平和の戦士」を目指すスカウトによる心豊かで平和な世界（ベター・ワールド）を創造するための「運動」である。

そのために、ボーイスカウト運動の一番の要諦は、野外の大自然の中で、ゼロから出発して共同生活を楽しむことにある。7人ないし8人の班を単位として、そこでの自主、自律、自活の活動により、自分たちのミクロ・コスモスを創り上げていく。知恵と力を出し合い、仲良く協力しないかぎり、楽しい野外活動も野外生活も成り立たない。

キャンプ生活で寝食を共にし、楽しい一日を一緒に工夫しながら過ごす。そこでは意識してなにかを学ぼうとしているのではない。仲間と楽しみながら自然と学んでいるのだ。こうした自然体の体験学習はいまの学校教育では学力と結びつかないとして評価されない。しかし、人間の成長にとって大事なものは知力だけではない。スカウティングは体系的な学習方法ではないが、経験や体験から学ぶことにも非常に大事なこともある。否、単なる知力よりも体験で学ぶ生きる力には学校で学ぶよりかはるかに大事なものも含まれているのだ。

以前は生きる力を身につける機会は子どもたちの外遊びに任されていた。その遊びがなくなって、いまや子ども同士のスキンシップがもたらす感性がストンと抜け落ちてしまっている。

その抜け落ちてしまった典型が、いま多いいわゆるデジタル人間である。大学でゼミを持っていたときに感じたのも、このデジタル人間の問題だった。判例について２班に分けて討論させたとき、いまどきの学生は討論に負けてもあまり悔しがらない。昔は負けると本当に泣かんばかりに悔しがったものである。だから議論では最後までジタバタしたものだ。

なぜいまどきの学生は悔しがらないのか。パソコンで情報を苦労しないで簡単に取れることも一因であろう。だから自分が討論で負けたのではなく、たまたま自分が代弁した学者が負けたのだと思っている。自分が負けたわけではないのである。しかし、これはおかしな感覚ではないか。

ゼミの討論の準備には、ぼくは図書館へ行って自分で苦労して調べ上げたうえで出席したから、負ければ悔しさも人一倍だった。いまの若者は、パソコン、スマホ、芸能人などを除けば、なにかに夢中になる経験が少ないため、物事に感動するという人間らしい感性が乏しくなっている。これは由々しき事態といわねばならない。

いまどきの若者は、自分が依拠した学者の理論が悪いのであって、その学者を一方的に選んだ上、その理論を十分に理解していない自分が悪いとは思わない。だから少しも悔しいとは感じないのである。だが、そういうことになると、世の中、仲間のなにを信じて生きてゆけばいいのだろうか。

35年間のぼくのゼミ生の中で、卒業年度が後になればなるほど負けて悔しがる学生が少なくなっていった。それを見ているうちに、このままではいけないという思いが次第に強くなってきた。そこで、学校の知識教育だけではなく、学校外の体験学習をやらせてみようといつしか考えるようになってきたのである。

若者たちは、学校とは別の世界で、もっと人間として大切なことをたくさん学ぶ必要がある。スポーツでもいいし、ボーイスカウト活動でもいい。「知」とは学ぶ知識がすべてではないのだ。自然体験学習により感動する心をもつ人間として成長するとき、学校で学んだ知識もようやく生きてくるようになるのではないか。「人格の陶冶」といわれる教育が必要とされるということは、そういう意味であろう。

あとがき

本書は、『財界』２０１２年2月21日号から２０１４年4月22日号に連載したコラム「備えよ常に」を、若干の加筆・訂正のうえ、収録したものである（連載は今後も当分続く予定である）。ただ、最終の第7章だけは本書のために急遽書き下したものなので、かなり調子が違っていることをお断わりしておきたい。しかし、ともかくこのように一冊の本としてまとめることができたのは、編集主幹の村田博文氏と、担当の更山太一氏および畑山崇浩氏のおかげである。深く感謝する。

いうまでもなく、本書はぼくの体験と読書にもとづいて、できるかぎりたのもしい青少年の育成を願って、日頃の想いの丈ケを吐露しようという意図のもとに、思いつくままにテーマを選び、かなり奔放に書き散したものである。そのため、誤解も百解もありうるとは思うが、ぼくの真意をご理解いただければ幸いである。

２０１４年5月24日　ボーイスカウト全国大会和歌山の夜

奥島孝康

【著者の紹介】
おくしま・たかやす　1939年（昭和14年）４月生まれ。愛媛県出身。63年早稲田大学法学部卒業。76年早稲田大学法学部教授、法学博士。90年早稲田大学法学部長。94年早稲田大学第14代総長（～2002年）。現在、白鷗大学学長、公益財団法人日本高等学校野球連盟会長、公益財団法人ボーイスカウト日本連盟理事長、公益財団法人パブリックヘルスリサーチセンター理事長、特定非営利活動法人富士山クラブ理事長等。
【主な著作】『現代会社法における支配と参加』（成文堂　1976年）、『フランス企業法の理論と動態』（成文堂　1999年）、『現代企業法の理論と動態』（成文堂　2000年）、『フランス競争法の形成過程』（成文堂　2000年）、『企業の統治と社会的責任』編著（きんざい　2007年）、『新コンメンタール会社法（全３巻）』共編著（日本評論社　2009年）等。『これから働き始める君たちへ』共著（産経新聞出版　2012年）、『「痛い目」に遭いながら人生を学べ』（光文社　2013年）等多数。

備えよ　常に

2014年6月30日　第1版第1刷発行

著者　奥島孝康

発行者　村田博文

発行所　株式会社財界研究所

［住所］〒100-0014　東京都千代田区永田町2-14-3
東急不動産赤坂ビル11階

［電話］03-3581-6771

［ファックス］03-3581-6777

［URL］http://www.zaikai.jp/

印刷・製本　凸版印刷株式会社

© Okushima Takayasu. 2014, Printed in Japan
乱丁・落丁は送料小社負担でお取り替えいたします。

ISBN 978-4-87932-102-2
定価はカバーに印刷してあります。